世界一隅々まで書いた

認知行動療法・認知再構成法の本

伊藤絵美 著

遠見書房

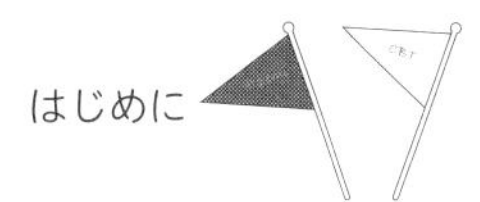

はじめに

みなさん，こんにちは。伊藤絵美と申します。私は，認知行動療法を専門とするカウンセリング機関「洗足ストレスコーピング・サポートオフィス」を運営しているセラピスト（臨床心理士・公認心理師）です。当オフィスを開設したのが2004年ですので，今年（2021年）で開設18年目というということになります。月日の経つのは早いものです。当オフィスを開設する前は，長らく精神科のクリニックでカウンセリングやデイケアの仕事をし，その後少しだけ民間企業に勤め，働く人のメンタルヘルスをサポートする仕事をしていました。

その間，一貫して専門技術として用いてきた，そして今も用いているのが，さきほどもちらりと申しました「認知行動療法（Cognitive Behavior Therapy；CBT)」というアプローチです。CBTとは簡単に言うと，「ストレスに気づきを向け，その問題を認知と行動の工夫によって対処し，上手に乗り越えるための手法」ということになります。CBTはうつや不安といったメンタルヘルスの問題に対する治療法として，あるいは犯罪の再犯予防のための手法としてだけでなく，健康な人のメンタルヘルスを良好に保つためのセルフケアの手法としてエビデンス（科学的根拠）があることが，さまざまな研究によって示されています。

私はセラピストとしてこれまで多くのクライアントに対して，CBTを実践してきました。CBTにはさまざまな具体的な技法があります。代表的なものをざっと挙げると，セルフモニタリング，マインドフルネス，認知再構成法，問題解決法，行動活性化，エクスポージャー（曝露療法），リラクセーション法などです。これらの技法を個別のクライアントに対し，必要に応じて選択したり組み合わせたりして適用し，協同作業を行って一緒に取り組みます。CBTには即効性がなく，これらの技法を日々コツコツと練習し，実践を続けるなかで，症状が改善したり，セルフケアのスキルが上がったりするなどして，じわじわと効果があらわれてきます。即効性はなくても，時間をかけて確実に効果を上げることで，セラピーとしてのCBTの終結後も，クライアントが自分自身のためにCBTを使い続け，セ

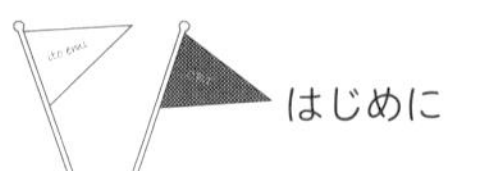

ルフケアをし続けることを目指します。

ところでCBTはエビデンスベーストの心理療法として，世界的に注目されていたにもかかわらず，当オフィスを開設した2004年当初，日本ではCBTを提供できるセラピストがあまりにも少ないことが課題とされていましたし，私もそのような問題意識を持っていました。そこで私は2004年6月より，「認知行動療法ワークショップ」と称して，CBTの諸技法に関するさまざまなワークショップをオフィスで開催し，参加者（心理職など専門家およびその卵）を募ることを始めました。当初はオフィス内で少人数ワークショップを開いていたのですが，希望者が多く，数年後からは会場を借りて，集合研修の形で，30～60名の参加者に対してワークショップを開催することにしました。そのワークショップのメニューの一つが，本書のテーマである認知再構成法でした。

認知再構成法のワークショップは，会場を借りての集合研修の形態で，2006年から2019年まで，計25回開催しました。ざっと計算したところ，少なくとも1,000名以上の方に参加していただいたようです。この形態でのワークショップでは，私が認知再構成法のデモンストレーションを行ったり（参加者のなかからボランティアとしてクライアント役を演じてもらい，私がセラピストとして認知再構成法のロールプレイを行う），参加者同士で3～5名のグループを作ってもらい互いにセラピスト・クライアントとして認知再構成法のロールプレイを行ってもらったり，ということに最も時間を割いていました。ワークショップですから，単なるレクチャーだけでなく，参加者ができるだけ体験したり実践したりする時間を設けたかったからです。そして実際にこのワークショップに対しては高い評価をいただき，「認知再構成法がどういう技法か，体験して腑に落ちた」「本で読むのと体験するのとでは全然違う」と多くの参加者にコメントをいただいていました。

そのように好評をいただいている認知再構成法のワークショップでしたので，2020年の秋にも26回目のワークショップを品川の会場を借りて開催する予定でおりました。しかし，しかし，しかーし！　ここで人類はコロナ禍に見舞われることになりました。会場を借りて，そこで私が皆の前で飛沫を飛ばしながらデモンストレーションを行ったり，小グループで参加者が飛沫を飛ばし合いながらロールプレイを行ったりするのはもってのほか，という時代が来てしまったので

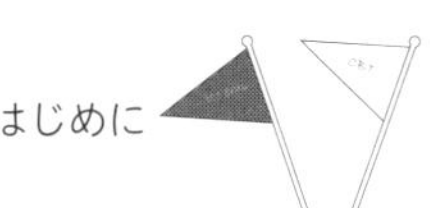

す。東京に緊急事態宣言が発出され，私の運営するオフィスも営業を自粛することになりました。そしてコロナ禍が早々に収まるはずがないと判断し，2020年度の会場を借りてのワークショップは全て中止することにし，予約していた会場をキャンセルしました。

私は困ってしまいました。コロナ禍においてオフィスの運営が完全に揺らいでしまったのです。人と人とが顔を付き合わせてしゃべりまくる，というのがセラピーやカウンセリングの本質です。しかし今や，人と人とが顔を付き合わせてしゃべりまくる，というのは最大の「危険行為」となってしまいました。もう一つの私の活動の柱であるワークショップも同様です。「これはなんとかしなければ」と考え，案出したのは「オンラインの活用」でした。というか，それしかありません。そこで，4月および5月の休業中に，セラピーをオンラインで実施するためのインフラを整えたり，マニュアルを作ったりしました。そして全てのワークショップもオンラインに切り替えて実施することに決めました。幸い自粛中でずっと自宅におりましたので，時間だけはたっぷりあります。結局，6つのメニューのワークショップのコンテンツを，オンライン用にリニューアルしました。デモンストレーションやロールプレイを行わずに，それでも実践的に学べるようなオンライン・ワークショップを開催したいと考え，知恵を絞りました。

そういうわけで，2020年9月にオンライン・ワークショップの第一弾である「セルフケアのためのストレスコーピング入門」の開催を予定し，募集を開始したところ，なんと大盛況で，100名の定員がたちまち満席になりました。その流れで2020年12月6日に「認知再構成法」のワークショップを開催し，こちらも100名定員のチケットが売り切れとなりました。参加者の方々の反応がどうか，いささか心配だったのですが，おかげさまでどのワークショップも評価が高く，一時は危ぶまれたオフィスの存続も何とか大丈夫そうだ，と安堵したものです。そしてコロナ禍が明ける気配のない2021年度も，引き続きオンラインで一連のワークショップを続けております。

本書の企画はツイッターのつぶやきから始まりました。私は宣伝がてら，当機関のワークショップについて，特にオンラインのために全面リニューアルしたことなどを，時折つぶやいていたら，認知再構成法のワークショップの書籍化について「興味がある」と遠見書房の山内俊介さんより，リプライをいただきました。

そこで12月6日のワークショップ終了後に，その動画を山内さんにお送りしたところ，「書籍化できそうだ」とのお返事をいただきました。そこからワークショップをテープ起こししたデータをもとに，コツコツと執筆する日々が続きました。半年以上，毎朝コツコツと原稿を書き貯めました。自分で言うのもなんですが，とても面白いワークショップですので，執筆は全く苦になりませんでした。「認知再構成法って，何て面白い技法なんだろう！」「認知再構成法について，何て魅力的に伝えるワークショップなんだろう！」（完全に手前味噌）をワクワクしながら執筆しました。

2021年10月13日にとうとう脱稿し，山内さんに原稿をお送りしたところ，「会場に座ってワークショップに参加しているような楽しさがあった」とのフィードバックをいただき，安堵しているところです（「やっぱりね！」という気持ちも同時にあったけれども）。山内さん，本書の書籍化に手を貸してくださり，本当にありがとうございました。余談ですが，山内さんは，私をスキーマ療法に出会わせてくれた方で，そのことについてめちゃくちゃ感謝しているのですが，本書のおかげで，感謝のタネがもう一つ増えました。多くの方々に本書を手に取ってもらうことで恩返しできればと思います。

認知再構成法とは，ひらたく言うと認知（頭のなかの思考やイメージ）の柔軟性を高めるための技法です。その具体的な内容や手続きについては本書に譲るとして，この技法は，うつや不安といったメンタルヘルスの問題を抱える人にとって，そして再犯予防を求められる人にとって，そしてさらにメンタルヘルスについてセルフケアのスキルを身につけたい全ての人にとって，非常に有効なものです。本書は，認知再構成法に関心のある全ての人にお読みいただけますし，認知再構成法を臨床現場で活用することに関心のあるセラピスト（カウンセラー，援助者，治療者，支援者）にお役立ていただけるものと確信しています。自分で言うのもなんですが，認知再構成法について，ここまで具体的に，詳細に，マニアックに解説した本は，日本にも世界にもないものと自負しています。皆様にはワークショップに参加しているかのようなお気持ちで，楽しんでいただければ幸いです。

2021年10月14日

自宅にて　伊藤絵美

もくじ

世界一隅々まで書いた
認知行動療法・認知再構成法の本

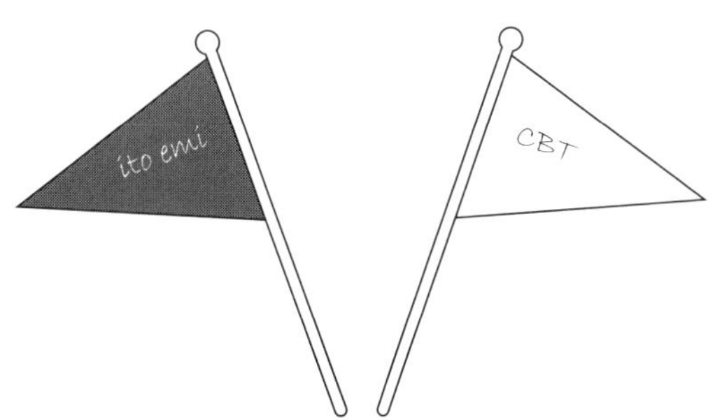

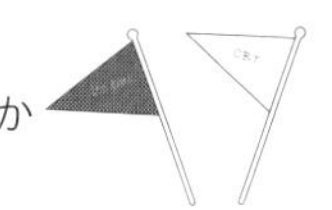

§1 認知再構成法とはどういう技法か

イントロダクション

みなさん，おはようございます。今日は認知再構成法という技法についてのワークショップです。

今日の構成からお話しします。「そもそも認知再構成法って何？」というお話から始まって，特に私が自分で開発したオリジナルのツールがありますので，それを今日は皆さんにご紹介します。認知行動療法には多くの技法がありまして，認知再構成法はそのうちの一つですが，特に非常に汎用性の高い技法です。

どの技法もそうですが，この認知再構成法も，認知行動療法の流れの中でケースフォーミュレーションをちゃんと行って，その流れのなかで選択する技法です。つまり，「いきなりやりましょう」という技法ではありません。技法を導入する，という流れはものすごく大事で，しっかりとケースフォーミュレーションを行ったうえでその技法を導入することで，その効果を高めることができます。なので，まずはこの技法の導入の仕方についてレクチャーします。

次に，我々が認知再構成法で実際に使っている３枚のツールを紹介します。「ツール３」「ツール４」「ツール５」とそれぞれナンバリングしていますけれども，それぞれのツールについて解説し，使い方と具体例を紹介していきます。これが会場を借りての集合研修なら，皆さんにツールを直接お渡しして，実際に書き込んでいただいて，グループでシェアしたりロールプレイをしたりするのですが，今回はコロナ禍でのオンライン・ワークショップですので，そういう時間を取ることができません。皆さんには，ぜひご自身でツールに書き込んで，体験していただきたいと思います。今日は，私自身の体験をネタとして一つ紹介し，ツール４

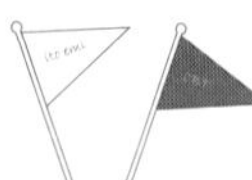

を使ってブレインストーミングをするところをデモンストレーションします。このブレインストーミングが認知再構成法の肝（キモ）です。ブレインストーミングをいかに楽しく行い，いろいろなアイディアを撒き散らすことがすごく重要なところなので，今日は私のネタを使ってそのやり方を具体的に紹介します。

ツール４に取り組んだ後は，ツール５を使って，ブレインストーミングしたものをまとめあげるという作業をして，一連のツール３，４，５の流れにケリをつけるんですが，それについては今日の後半に具体的に紹介していきます。最後に，認知再構成法を一通り実践した後で，この技法をどう展開していくかという話をします。そしてその後，質疑応答の時間を設けます。

ということで，早速，認知再構成法がどういう技法か，というところから入っていきたいと思います。ですが，さきほども申しました通り，認知行動療法の流れの中で，認知再構成法という技法を使いますので，そういう意味では，「初級ワークショップ」と「ケースフォーミュレーションのワークショップ」に出ていただいた方にはおさらいになってしまうと思いますが，そもそも認知行動療法とは何か，というお話から始めさせてください。

認知行動療法とは？

認知行動療法（Cognitive Behavior Therapy；CBT）とは，ストレスの問題を「認知」と「行動」の工夫を行うことで自己改善することを目的とした心理療法です。ちなみに「認知」とは，「頭の中の現象として私たちが体験していること」のことです。ですから言語的な思考だけでなく，イメージや記憶や知識もすべて，認知に含まれます。「行動」とは，ふるまい，実際の動き，ですね。これらの認知と行動を通じてストレスの問題を自己改善するための理論と方法を総称したものが認知行動療法なんです。

認知行動療法の目的は「セルフヘルプ」です。つまり自分を上手に助けられるようになること。ここで大事なのは，セルフヘルプというのは，「誰の助けも借りずに，たった一人で何とかしましょう」ということではなく，人に相談するとか，人に助けもらうとか，そういったことも含まれる，ということです。「CBT」の「T」は「セラピー（therapy)」とか「トリートメント（treatment)」の「T」

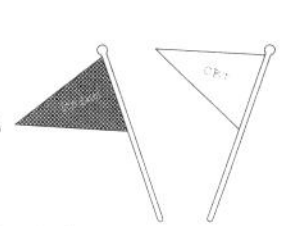

ですが，実は「トレーニング（training）」の「T」でもあると考えることができます。CBTは治療でもあるけれども，基本は，当事者が身につけるものなんです。認知行動療法のさまざまな考え方やスキルを身につけて，ご自身のセルフヘルプに役立ててもらう，ということを認知行動療法では目指します。なので今日のテーマの認知再構成法も含めて，すべて当事者の方に学んで身につけてもらうことが重要です。ということは，我々セラピストは，確かにセラピスト（治療者）ではあるのですが，同時にトレーナーとして機能する必要があります。これはとても重要なことです。

もうひとつ，CBTをトレーニングとして考えた場合，「自主トレ」というアイディアを取り入れることができます。トレーナーがいなくても，トレーニングは自分でできるんです。それが自主トレですね。何かを習得する場合，トレーナーに習うこともできれば，自主トレを通じて自力で学ぶこともできます。習い事って何でもそうですよね。たとえば私は今，ジャズピアノに挑戦しています。できればジャズピアノ教室に通って，先生に習いたい。でも教室に通う時間がなかなか取れないし，そもそも今，コロナ禍なので教室には通えない。だから私は教則本を買って，家でコツコツ練習するわけです。これが自主トレです。英会話とかもそうですよね。英会話教室に通って習うこともできれば，自分で教材とかアプリを使って自主トレすることもできる。もちろん両者を併せて用いるハイブリッド型も可能です。

というわけで，認知行動療法についても，もちろんセラピスト，すなわちトレーナーについてがっちりと学んでもらうこともできれば，自主トレとトレーナーとのトレーニングを組み合わせることもできますし，当事者が一人で自主トレすることもできます。このワークショップにもセラピストと当事者の方の双方がご参加いただいていると思いますが，このワークショップに参加していただければ認知再構成法については自主トレできるようになっておりますので，セラピストがいないからといって落胆する必要はなく，ぜひ自主トレを続けてください。認知行動療法は，いろいろな学び方があるのです。

もうひとつ，とても重要なのが，トレーナーはどうある必要があるか，という話です。たとえば私がジャズピアノをトレーナー，すなわち先生について習うとしたら，その先生ご自身がジャズピアノを楽しく上手に弾ける先生である必要が

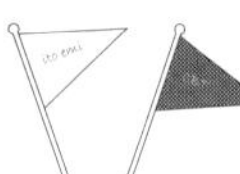

ありますね。ジャズピアノが上手な先生じゃないと私に教えられません。ヨガ教室にヨガを習いに行くとします。ヨガの先生が生徒である私たちに「こういうポーズを取りましょう」と指示するだけではなく，先生ご自身がそのポーズを，きれいに，かっこよく取れるということが重要ですよね。お料理教室に行くとします。お料理教室の先生は私たちに指示をするだけではなく，先生自身が上手に楽しく美味しいお料理を作れる，ということが大事です。CBT も同じです。私たちが CBT を提供するセラピストであれば，そして CBT がストレスに対するセルフケアの手法だとすると，私たちは自分のストレスマネジメントのために，自分のストレスに関するセルフケアのために，CBT を使いこなせるようになっておくことがすごく大事なのです。ですから今日お伝えする認知再構成法についても全く同じです。認知再構成法はとても役に立つ技法ですが，これをクライアントに適用する前に，セラピストである私たちは，自分のためにこの技法を使いこなせるようになっておく必要があるのです。まず自分の身体を通して，この技法を体験し，使えるようになっておいてください。そのうえでクライアントにご紹介ください。

今日，これから詳しくお伝えしますけれども，認知再構成法って，ちゃんとやろうとすると，結構面倒くさいんですよ。役に立つけど，面倒くさい。そのことをセラピストが自分の心身を通して実感できていれば，説得力をもってクライアントに伝えられますよね。「面倒くさいけど，役に立つよ」って。「私もさんざん自分に対して，認知再構成法を使っている。やるとなると面倒だけど，その分得るものがたくさんあるから，やってみませんか」と言えるわけです。

図 1-1 は，認知行動療法の基本モデルです。認知行動療法では，クライアントの主訴や困りごとについては，それがなんであれ，まずはこの基本モデルを使ってアセスメントします。このモデルはストレスモデルにもなっており，左側がストレッサー，右側がストレス反応という見方もできます。ストレッサーとは，自分を取り巻く世界から降りかかってくるものですね。CBT では右側のストレス反応を，便宜上，認知，気分・感情，身体反応，行動の 4 つに分けてとらえます。認知は頭の中の現象でしたね。気分・感情は，お腹から胸にかけて感じるエモーション，気持ちのことです。身体反応は，身体の内側とかせいぜい表面に現れる生理的な反応で，たとえば胸がドキドキするとか，脇の下に汗をかくといった現象です。行動は外から見てわかるその人の動作や振る舞いのことです。とにかく

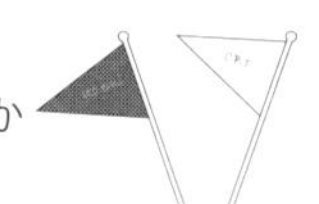

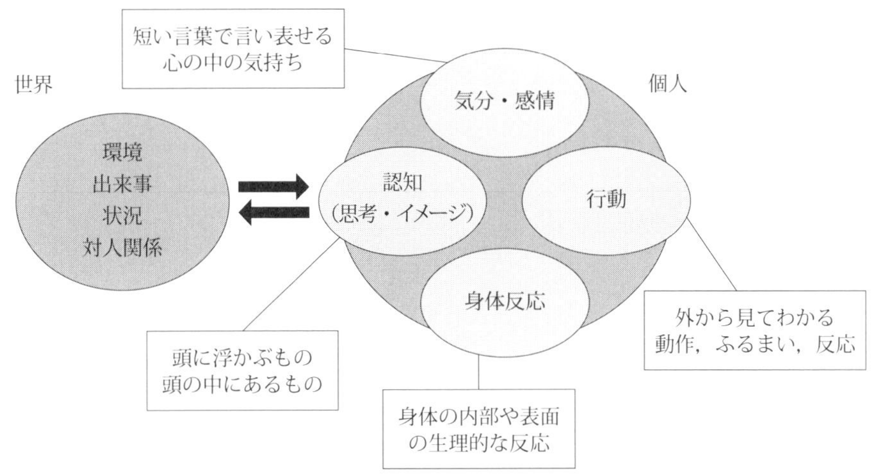

図 1-1　認知行動療法の基本モデル

その人の反応をこの4つに分けて見ていく，というのがCBTの基本モデルです。

このモデルが相互作用モデルであるということも重要です。私たちの外側の状況と私たちの反応はグルグルと相互作用し合っている。私たちの反応も，認知，気分・感情，身体反応，行動がそれぞれに影響を与え合っている。原因－結果ではなく，円環的な相互作用として見ていくのです。

自動思考が重要

もう一つモデルを提示します（図1-2）。これは特にベック（Beck, A.）系の，認知療法系のCBTにおける認知を階層化したモデルです。認知を，その瞬間その瞬間，さっと頭をよぎる思考やイメージのことを「自動思考（Automatic Thought）」と言います。今日のテーマである認知再構成法は，この自動思考を対象にします。認知に対する体験をあえて「浅い－深い」で対比させると，認知の浅い部分で体験するのが，この自動思考です。一方で，「スキーマ」（ベックの認知療法では「中核信念」「媒介信念」といった言い方をします）とは，私たちの認知のなかにどーんと深く入り込んでいる，その人なりの深い思いとか，価値観とか，ルールをひっくるめてスキーマと呼んでいます。このモデルに基づくと，私たちの自動思考は，環境とスキーマの両方から生じる現象であると，ベック系

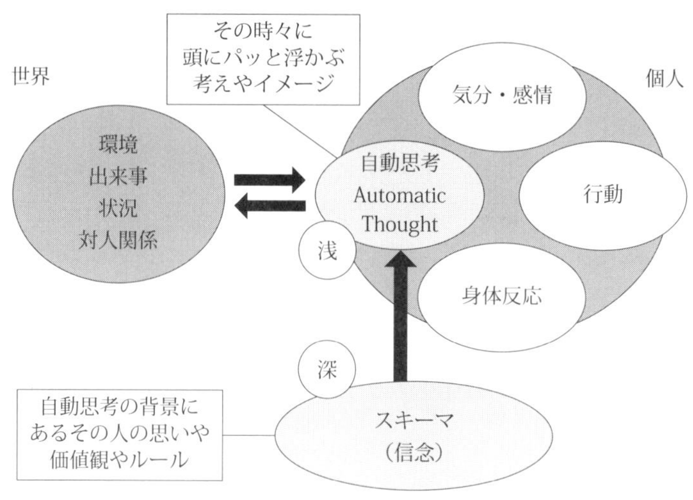

図 1-2　階層的認知モデル

の CBT では想定しています。

認知行動療法でまず注目するのは，スキーマではなく自動思考です。スキーマももちろん重要なのですが，最初からスキーマに直接手をつけようとはしません。最初からスキーマをいじろうとしないのが，CBT の原則です。なぜならスキーマというのは，その人のアイデンティティに非常に近いところにある現象だからです。はたから見て，その人のスキーマがどんなに偏って見えるようでも，どんなに極端に思われるようでも，そのスキーマはその人にとってみれば「真実」です。スキーマとは，その人が生きてきた長い期間をかけて培われたもので，だからこそその人のアイデンティティに近いところにあるので，それを最初から変えていきましょう，という話になると，自分自身が，自分のアイデンティティが否定されたように感じてしまいます。そもそも生きてきたなかで形成され，強化されてきたスキーマを変えましょうというのは，すごく大掛かりな工事，すなわち骨組みから解体して作り直しましょうという話になってくるので，最初からそんな大変なことをしましょう，という話はしません。今日のテーマとは異なるのですが，CBT の発展型のセラピーで「スキーマ療法」というのがあり，スキーマ療法ではそういうスキーマにドーンと焦点を当てていくのですが，それでもかなり注意してスキーマを扱っていきます。いずれにせよ CBT では，いきなりスキーマに焦点を当てることはせず，まずは自動思考レベルでモニターして，自動思考レベルで

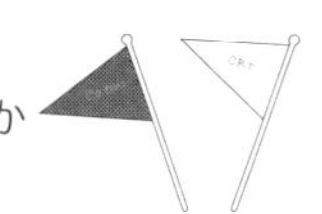

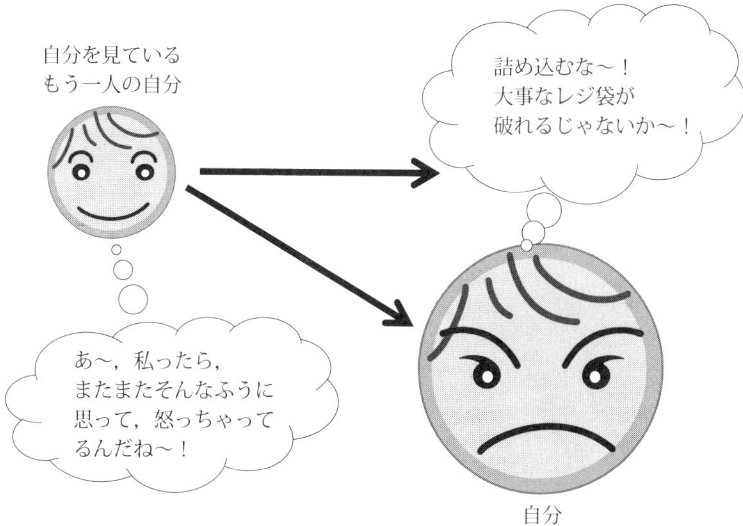

図 1-3　コンビニでの自動思考（伊藤の場合）

調整できるようになることを重視しています（図 1-3）。

今日，何度も同じ話をすることになるかと思いますが，まず重要なのは「自動思考に気づきを向ける」ということです。これは認知再構成法のみならず，CBT の第一歩なんです。自動思考をリアルタイムでモニターできるようになること自体が大事，そして不可欠なんです。それができるようになることそれ自体が，さまざまな効果をもたらします。この図 1-3 を用いて具体的に解説しましょう。

これは私がコンビニのレジでよく体験することなのですが，レジで店員さんがレジ袋に商品を雑に，キツキツに詰めようとすると，私はそれがとても気になっちゃうんです。コンビニで有料のレジ袋を買うとき，そのレジ袋は我が家ではごみ袋として使うので，とても重要です。だからその袋に，商品を突っ込んで，たとえばチョコレートの箱の角が袋に当たって，袋が破れたりするのが嫌なんです。だから知らず知らず私は店員さんの袋詰めを監視しちゃうんですよね。あるいはビールを買ったときに，ビールの缶を横に寝かせて詰める人がときどきいて，それも嫌なんです。横に寝かせると，あとで缶を開けるときに，泡がビャーっと出てきちゃったりするから。そういうこともあって，とにかく店員さんの袋詰め行動を監視してしまう。そして私の気に入らない詰め方をしていると，つい「詰め

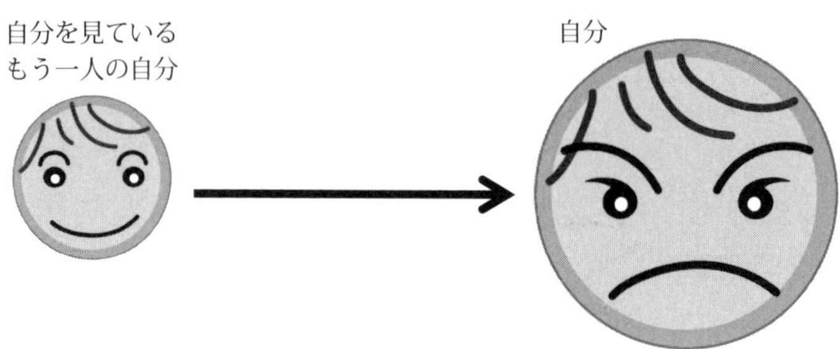

・状況とそれに対する自分の反応を客観視できる。
・自分の反応の理由を状況と自己の双方に帰属させて考えることができる。
・メタ認知の力がつく。内省力が高まる。自己理解が深まる。
・状況に直接翻弄されなくなる。「自分」がしっかりする。
・他人の反応に対する理解力や共感力が高まる。

図 1-4　自動思考をモニターすることの重要性

込むな！」とか「缶ビールを横にするな！」といった自動思考が出てきて，同時に眉間にしわが寄ったりするのです。でも自動思考をリアルタイムでモニターできるようになると，その瞬間に「あ，今，私，また『詰め込むな！』って思っちゃったわ」「あ，今，私，また缶ビールの置き方について『横にするな！』とか思っちゃったわ」と気づき，眉間のしわも緩みます。

自動思考をモニターする

この自動思考をモニターする，というのは，心理学的には「メタ認知」と呼びます。認知についての認知（「自らの認知を認知する」とも言えます）がメタ認知です。自動思考をモニターする練習をするだけで，メタ認知の機能が強化されるのです。平たく言えば，メタ認知とは「自分を見るもうひとりの自分」の視点のことです（図 1-4）。

この「メタ認知」がとにかくものすごく重要で，メタ認知の機能がしっかりと身につくだけで，いろいろないいことがあります。まず，状況およびそれに対する自らの反応を客観的にとらえられるようになります。距離を置いて状況や反応を眺められるようになるのです。特に自分自身の反応，とりわけ自動思考をモニターできるようになると，原因帰属のあり方が変わってきます。自動思考とは，「その状況を自分がどう処理しているか」の表れです。何かよろしくないことが起

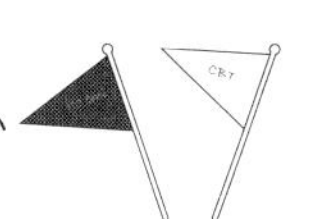

きた時，自動思考をモニターできないと，「あいつにあんなことされたから，自分は怒って，殴ってやった」というように，原因がすべて外側の事象に帰属されがちになってしまいます。しかし，自動思考をモニターできれば，外側の状況だけでなく，「それを処理する自分」という視点ができると，「あいつにあんなことされたことに対して，自分がこう思ったから，腹が立って，殴りたくなった」というように，自分の反応についての説明が変化してきます。状況を処理している自分がいて，その処理のありようによって，自らの気分・感情や行動が変化する，というとらえ方に変わってくるのです。

これがすなわち「メタ認知の力が底上げされた」ということになりますし，別の言い方をすれば「内省力が高まった」とも言えます。自分の内的な反応に対する気づきの力が増すのです。さらに自動思考を継続的にモニターできるようになると，つまり自動思考のモニターが習慣化されると，自分の反応パターンのようなものがわかってきます。自分らしい反応のクセに気づくのです。「私，なんかいつも心配しているな」とか「私，なんかいつも人のせいにしているな」とか。そうやって自己理解が進んでいくわけです。

さらに「処理する自分」という感覚が強まってくると，状況にそのまま翻弄されることが減ってきます。「あいつがああだから」「こんなことがあったから」ということで即座に行動化するのではなく，「あいつがああだから，こんな自動思考が出てきて，こう感じた」「こんなことがあったから，こんな自動思考が出てきて，こう感じた」という受け止めができるようになると，いったん立ち止まって，「じゃあ，そういう自分はどういう行動を取ろうかな」と考え，行動が選択できるようになります。状況を処理する主体，状況に関わっていく主体という感覚が強化され，状況にそのまま巻き込まれてることが減ってきます。知的に制約のある方は，メタ認知の発達も制約されていることが多いのですが，時間をかけて，練習を重ねると自動思考のモニターができるようになります。すると，それだけで落ち着いて行動できるように変化することはよくあります。ただ，そこまで行くのに時間がかかりますが。援助する側が根気強くかかわることが必要です。

図 1-4 の最後にある「他人の反応に対する理解力や共感力が高まる」というのは，発達障害，なかでも自閉スペクトラム症（ASD）傾向のある人にも関連する話です。ASD に限らず私たちは学校や親たちから「人の気持ちを考えましょう」

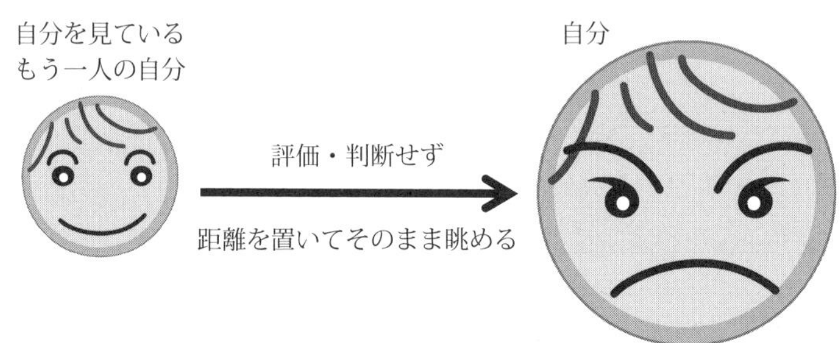

自分の反応をリアルタイムでモニターし，かつその反応を判断せず（否定もせず，鵜呑みにもせず），ただそのまま眺めたり受け止めたりできるようになると……それがまさにマインドフルネス！

図 1-5　自動思考をモニターすることはマインドフルネスに通ずる

と言われますが，自分の気持ちがわかって初めて私たちは他人の気持ちに思いをはせることができるわけで，順番はまず「自分」，次に「他人」なんです。自動思考を中心に，それに伴って湧き上がってくる気分・感情や身体反応に自ら気づきを向け，自己理解を深めていく。自分自身の反応を，自分のこととしてリアリティをもってしっかりと理解できるようになる。それができるようになって初めて，自分以外の他者についても，その人の中にリアルな自動思考や感情が湧いているということが理解できるようになるのです。ASD 傾向のある方については，特にこのような「自己理解からの他者理解」という流れが顕著だと思います。ASD 傾向のある方が，ときとしてこういうふうに言ってきます。「あのー，僕に自動思考や感情があるのであれば，もしかしたら，他の人にもあるんでしょうか？」と。まさに「ビンゴ！」ですね。これは定型発達の人と他者理解のルートが違うかもしれませんが，ASD 傾向を持つ人であっても，まずは自分自身の自動思考や感情をしっかりとモニターできるようになることが重要で，それがあって初めて他者の自動思考や感情にも思考が及ぶようになるわけで，そういう意味でも自動思考をモニターできるようになるというのは，ものすごく意味があります。今日のテーマの認知再構成法でも，まずは自動思考のモニターから手を付けることになります（図 1-5）。

マインドフルネスにつながる

実は自動思考のモニターは，今大変注目されている「マインドフルネス」にそのままつながります。マインドフルネスは，たとえば呼吸に対するマインドフルネスのような瞑想的なもの，あるいは「レーズンエクササイズ」のような体験的なものもありますが，定義としては，「自らの体験や反応を，評価や判断をせずに，そのまま受け止め，眺める」ということになります。したがって自動思考をモニターできるようになり，かつ自然に生じた自動思考について一切ジャッジせずに，「ふーん」とそのまま受け止める，という態度は立派なマインドフルネスになります。自動思考をモニターし，さらにそれをマインドフルに受け止める，というのは臨床的にも重要です。

たとえば抑うつ症状のある人が，CBTを始めて，自動思考のモニターの練習にとりかかります。うつっぽい人の自動思考は，たいていネガティブです。「自分はダメな人間だ」とか「生きていてもいいことなんかない」とか，そんな自動思考が次から次へとわいてきます。しかもうつっぽい人が自動思考をモニターするようになると，「なんでこんなネガティブなことばっかり考えちゃうんだろう」「こんなふうに思うから私はダメなんだ」と，せっかくモニターできた自動思考に対してネガティブにジャッジする思考が出てくるのです。これは「ジャッジ」ですから，マインドフルではなくマインドレスですね。自動思考は勝手に出てくる思考なので，それに製造責任を負う必要はなく，評価や判断をせずに「あ～，こんな自動思考が出ちゃったのね」と眺めたり受け止めたりする視点が持てるようになると，これはこれで立派なマインドフルネスのエクササイズになります。アクセプタンス＆コミットメント・セラピー（ACT）で，「葉っぱのエクササイズ」ってありますよね。川の流れに乗って流れる葉っぱに思考を乗せる，というエクササイズです。これがまさに自動思考に対するマインドフルネスなんです。

そういうわけで，認知再構成法のみならず，認知行動療法のケースであれば，まず自動思考を中心とした自らの反応に気づきを向けるところから始めていただきます。自動思考だけではないのです。自動思考と分かちがたく結びついて湧きあがってくる感情にも気づきを向ける。感情と身体反応はすごく密接に結びついていますよね。「腹が立つ」という表現が典型的です。「腹が立つ」とは気分・感情を表す言葉ですが，そこには「腹」という身体を表す単語が入っている。他にも，不安になると胸がドキドキするとか，落ち込むと身体がだるく重たくなるとか，気分・感情と同時に生じるリアルな身体反応も一緒にとらえられるようになる。そして私たちは何かを思っているときには何かをしているし，何かをしてい

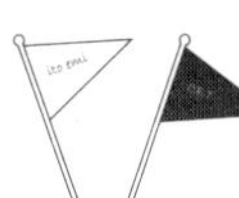

るときには何かを思っているし，というように，常に内的な体験をしながら同時に行動している。その行動にも気づきを向ける。つまりは図 1-1，1-2 の「認知行動療法の基本モデル」に基づいて，リアルタイムに自らの反応をモニターするわけです。そして自分自身の反応のみならず，そもそも何に対して自分が反応しているのか，環境要因や状況にも気づきを向け，相互作用を見ていくわけです。

アセスメントシート（ツール１）を使う

これは CBT の初級ワークショップやケースフォーミュレーションのワークショップでお配りしているアセスメントシートです (図 1-6)。まずこのツールに外在化していって,「こんなことが起きているのね」ということをクライアントと共有します。

このアセスメントシートの使い方としては，図 1-7 にもありますように，シートの上の部分が先ほど紹介した CBT の基本モデルですので，ここに外側の状況と自分自身の反応が循環的に外在化されます。我々がストレスでドツボにはまっているときは，その循環が悪循環になっていることが多いです。したがってたいていこの基本モデルの部分には悪循環が外在化されることになります。そして私たちはこのような悪循環にやられっぱなしになっているわけではありません。悪循環となったドツボから自分を救うために何らかのトライをしているはずなんです。それが「コーピング」です。それをシートの右下の部分に外在化する。さらに「サポート資源」については, シートに斜めの線が入っていることからもわかるように，上に書いてある悪循環と次元が違っても構わないので，こういう体験をしている自分にはどのようなリソースがあるのか，どういうレジリエンスがあるのか，どういう強み（ストレングス）があるのか，どういう助けがあるのか……，何でもよいので，サポートになることや人やモノをここに外在化していくと，自分が単に悪循環にやられているだけでなく，こういうポジティブな要因も持っているということも含めて，自らの体験の全体像を立体的に把握することができます。

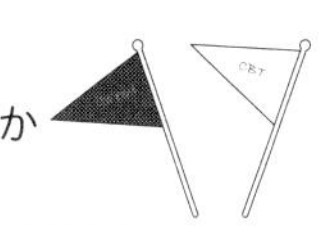

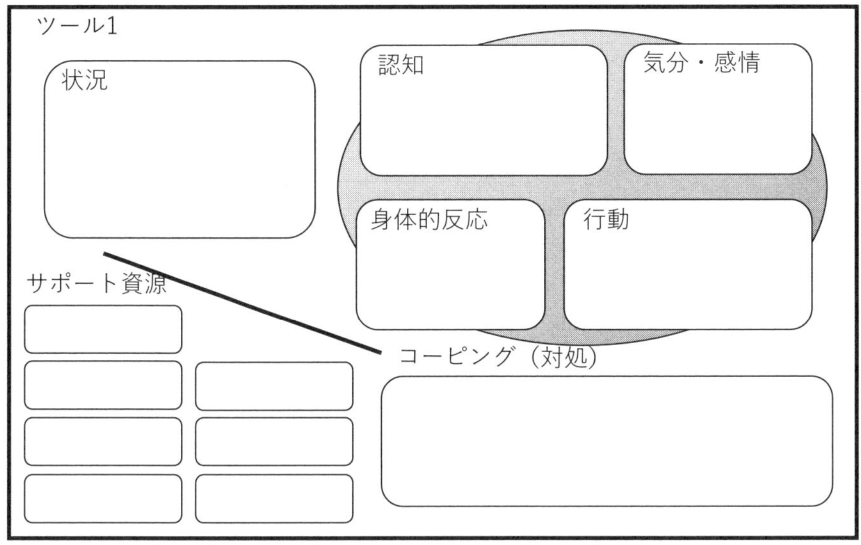

図 1-6　ツール１

※本書で提示したツールは，コピーしてお使いいただけますが，著作権の扱いには十分ご注意ください

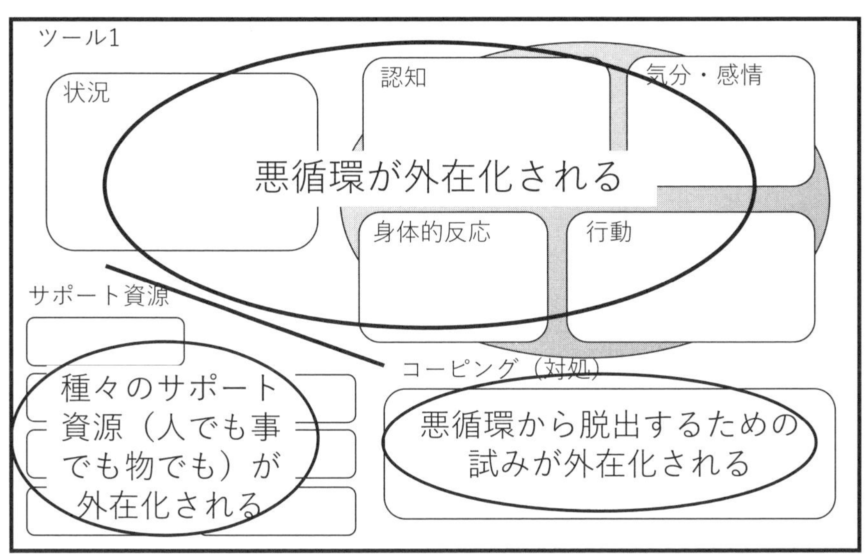

図 1-7　ツール１（何が書かれるのか）

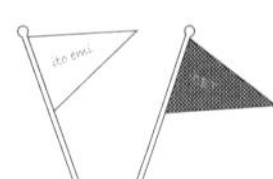

ポイント：認知行動療法の進め方の実際

1．インテーク面接と契約
2．（必要があれば）これまでの経緯のヒアリング
3．アセスメント
4．問題の同定と目標の設定
5．技法の導入と実践
6．効果の検証
7．効果の維持と般化
8．再発予防計画
9．終結とフォローアップ

※モニタリングやアセスメント以外の特定の技法は，いわゆる「ケースフォーミュレーション」を通じて，個々のケースに合わせて選択される。決して「技法ありき」ではない！

認知行動療法の進め方の実際：ケースフォーミュレーション

上のポイントにお示したのは，認知行動療法の全体の構造です。これはケースフォーミュレーションのワークショップで紹介したポイントですが，CBT がケースとしてどういう流れをたどるのか，ということを示しています。まずインテーク面接をして，CBT を始めることにしましょうと合意する。もしクライアントの抱えている主訴にそれなりの経過があるのであればヒアリングをして，どういう経緯でその主訴が生じて今に至るのか，ということを共有する。そのうえで今ご紹介した CBT の基本モデルを使って主訴のアセスメントをして，それをツールに外在化する。アセスメントは通常，一つのエピソードだけではなく，複数のエピソードを使って，何枚も何枚も外在化して，「なるほど，あなたの主訴にはこういうパターンがあるんだね」とパターンを見ていく。そのなかで,「何を問題とみなすか」そして「その問題がどのように変化するとよいのか」というふうに，その人との CBT における「問題」と「目標」を具体的に設定し，目標を達成するための技法を選択する。ここまでの流れが，ケースフォーミュレーションでしたね。そしてこの段階で初めて「認知」と「行動」に的を絞るんです。アセスメントの段階では，認知行動療法といえども，認知と行動だけでなく，とにかく何が起きているのかということを全体的に見ていきます。

そして認知行動療法の考え方として，自分の外側の状況を直接変えることはできない，というのがあります。もちろん自らの行動を使って状況に働きかけるこ

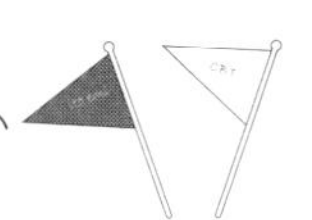

とはできます。たとえば今，私はオフィスの自分の部屋にいるのですが，その部屋がとても寒いとします。「寒いな～，もうちょっと暖かくならないかな～」と思っただけでは，部屋が暖まることはないですよね。要は念じるだけで状況を変えることはできなくて，室温を上げたいのなら，自分でリモコンを操作してエアコンのスイッチを入れる，という行動を取る必要があります。なので，行動を取らずにして，自分の外側の状況を変えることはできない。同様に，自分の反応のなかでも，「気分・感情」「身体反応」は好きに変えられない，ままならない，というのがCBTの考え方です。そもそも気分や感情を好きなように変えられたり，自分でどうにかできるのであれば，誰もうつになんかならないし，「ハッピーな気分になろう」と思ってそうすればよいのですが，現実的にはありえませんよね。身体反応も同じです。血圧が今日は高めだから下げておこうとか，今日はお腹が空かないようにしてみようとか，そういうことはできません。身体反応を自分でどうにかできるのあれば，それこそお医者さんもお薬もいらないわけで。

一方，CBTのモデルのなかでも「認知」は，勝手に出てくる自動思考とか，どかーんと仕込まれたスキーマというのがあるけれども，一方で，それらに気づきを向け，対処，すなわちコーピングはできるわけです。つまり「思い直し」ができる。「行動」も，今，この本を読んでくださっている皆さんは，椅子や床に座っておられる方が多いのではないかと思いますが，ここで今私に，「さあ，皆さん，立ち上がりましょう！」と言われれば，立ち上がることができますよね。あるいは今，皆さんの多くが目を開いてPCやスマホの画面をご覧になっていると思いますが，ここで今私は，「さあ，皆さん，目を閉じてください」と言われれば，瞼を閉じることができますよね。つまり行動は意図的に選択することができる。なので，悪循環を維持している認知と行動のポイントを探し，それをどのように変えていくとよいのか，そのためにCBTの数ある技法のうち，どれをチョイスすればよいか，ということをするのが，上のポイントの「4．問題の同定と目標の設定」とそれに続く技法の選択，ということになるわけです。さきほども言いましたが，ここまでケースフォーミュレーションで，ケースフォーミュレーションはCBTの要です。ケースフォーミュレーションがしっかりと行われればこそ，選択された技法が奏功するのです。本日のテーマである認知再構成法も，このケースフォーミュレーションを経たうえで，選択されるべき技法なんです。

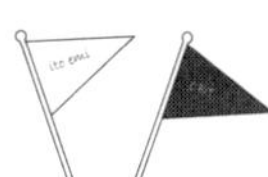

認知行動療法の進め方の実際：技法

次のポイントは，CBT で用いられる主な技法を提示したものです。

ポイント：CBT で用いられる技法の例

- 認知再構成法
- 問題解決法
- ソーシャルスキル訓練（SST）
- アサーション訓練
- エクスポージャー（曝露療法）
- 曝露反応妨害法
- リラクセーション法
- 注意分散法
- マインドフルネス
- コーピングシート／コーピングカード
- 行動活性化（活動モニタリングと活動スケジュール）
- 種々のイメージ技法

※セラピストがその技法を使う理論的根拠を説明でき，かつ安全に適用できるのであれば，CBT 以外の技法を使っても OK ！（例：壺イメージ療法，臨床動作法，エンプティ・チェア，コラージュ療法，ストレッチなど）

技法は，ケースフォーミュレーションに基づき，理論的根拠を説明でき，安全に適用できるものを選択する必要があります。CBT は技法については寛容で，CBT 以外の技法を選択するのも「あり」です。また技法の選択はクライアントとの協同作業で行う必要があります。クライアントに説明し，クライアントと相談しながら，クライアント自身が「この技法なら学んでみたい，練習してみたい」と思い，モチベーションが持てる技法を選択することが不可欠です。その「チョイスされる諸技法」の一つとして，今日のテーマである認知再構成法があるわけです。というわけで，これ以降は認知再構成法に焦点を絞って解説していきます。

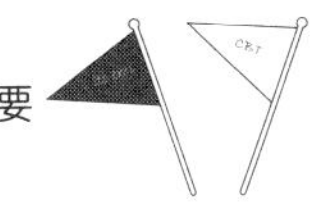

§2 認知再構成法の概要

基　　本

認知再構成法というのはどのような技法でしょうか。その概要をまず解説します。英語表記は２種類あって，１つは「Cognitive Restructuring」で，もう１つは「Cognitive Reconstruction」というものです。重要なのは，両方の語（Restructuring ／ Reconstruction）に「Re」という接頭語がついているということです。「ストラクチャー」も「コンストラクション」も「構成する，建設する」といった意味ですよね。そこに「Re」という接頭語がついており，これは「リハビリテーション」の「リ」と同様で，「やり直し」「再度」「再び」といった意味です。つまり認知を「再び構成する」「再構築する」という意味になります。そこで「認知再構成法」という技法名となったわけです。

認知再構成法を，より具体的に定義をすると，「過度にネガティブな感情や不適応的な行動と関連する非機能的な認知に気づきを向け，それをさまざまな角度から検討し，より適応的で機能的な認知を再構成，組み直すための技法」ということになります。ただし正確に言うと，これは後でさらに詳しくお話ししますが，「ネガティブ」な感情に限りません。たとえば双極性障害の方と認知再構成法に取り組む場合，特に躁状態，つまりテンションが上がってしまっている状態のときは，むしろ過度にポジティブな感情と関連する認知を取り扱うことがよくあります。なので正確に言えばネガティブに限らないのですが，まあ，たいていは「過度にネガティブな感情」に関わる認知を対象とします。あるいは，不適応的な行動，つまり「いただけない行動」，その行動はしない方がいいよね，という行動と関連する認知も取り扱います。そういう感情や行動と関連する認知を「非機能的な認知」と呼びます。ここで扱う認知は主に自動思考なのですが，イメージも扱うので，言語的な思考に限定されません。この非機能的な認知を英語だと

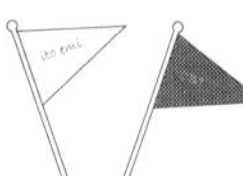

「dysfunctional thought」と言います。非機能的な自動思考（イメージを含む）に気づきを向け，それをさまざまな角度から検討し，より適応的で機能的な認知を再構成し，組み直す。そのための技法を認知再構成法と呼ぶのです。

この認知再構成法を考案したのが，「うつ病の認知療法」を構築したアーロン・ベック先生です。なので元々はうつ病の認知療法の中心技法として，この認知再構成法が考案されたのですが，これがうつ病に限らずさまざまな状況や問題に適用できる，つまり汎用性が非常に高いことがわかってきたので，今ではうつ病に限らずいろいろな文脈で使われるようになりました。

ここで特に注意したいのが「認知の歪み」という言葉の扱いです。アーロン・ベックが認知療法を構築した当初は，確かに「歪み」，英語だと「distortion」なんですが，そしてそれが「歪み」と翻訳されたわけで，確かに「distortion」なら「歪み」としか訳しようがありません。しかし今現在，認知療法や認知行動療法の分野では，この「distortion」という語はほとんど使われていません。アーロン・ベックの娘であるジュディス・ベックが，今，世界の CBT 領域の第一人者なのですが，彼女の著作では，「D」は「distortion」ではなく「dysfunction（非機能）」の頭文字なんです。ジュディスが提案する「DTR」というツールがあるのですが，これは「Dysfunctional Thought Record」の略なんですよね。Distortion ではなく Dysfunction の D。

つまり人の思考やイメージが「歪んでいる」とは言いたくないよね，という方向に変わってきているのです。認知，すなわち思考やイメージの内容それ自体が歪んでいるとか歪んでいないとかそういうことではなく，さきほど申しました通り，CBT は循環モデルで見ていくので，その認知が循環のなかで，すなわち認知，気分・感情，身体反応，行動の循環的相互作用のなかで機能しているかしていないか，という見方に変わってきているんです。認知を単体で見るのではなく，文脈のなかで機能を見ていく，という見方です。より構成主義的な考え方ですね。

そもそも「あなたの認知は歪んでいます」と言われるのは，あまり気持ちがいいものではありませんよね。気持ちがよくないどころではなく，傷つく場合もある。面白いのは，私たちが整体に行って，整体師の方に「あなた，骨盤が歪んでいますよ」と言われても傷つかないんです。傷つかないどころか，「そうなんだ

〜，だから腰が痛かったんだ〜，じゃ，治してね」となるわけで，ちっとも傷つかない。つまり骨盤より認知のほうが，私たちにとっては内的な現象であり，アイデンティティに近いのでしょうね。認知，特にスキーマは私たちのアイデンティティとかなり重なるので，それが「歪んでいる」と言われてしまうと，自分が人間としてまっすぐじゃない，間違っている，というメッセージになりかねないので，臨床の場面で，わざわざそういう治療的でない言葉を使う必要はないと私は考えます。

さらに，実はこの「認知の歪み」という言葉は，ネットスラング化している現象があって，インターネットの世界で，自分とは異なる価値観や考え方を持つ人をディスる（貶める）際に,「あなたの認知が歪んでいる」といった批判をするという現象をよく目にします。となると，なおさら,「認知の歪み」という言葉を臨床でわざわざ使う必要はないのではないか，と思うわけです。

さきほども言いましたが，現在，認知再構成法は，うつ病の治療のみならず，さまざまな用途で活用されています。なので,「何かを治す」という技法ではなく,「認知の柔軟性を高めるためのスキル」ととらえていただき，幅広く使ってもらえればよいのではないかと考えます。

認知再構成法を，さきほど示した CBT のモデルに合わせると，図 2-1 のようになります。相互作用的循環モデルで見ると，クライアントの主訴や私たちのスト

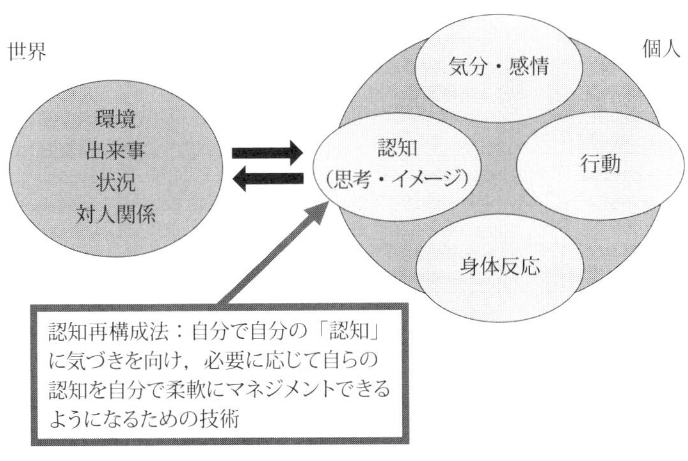

図 2-1　認知行動療法（CBT）の基本モデルのなかでの認知再構成法

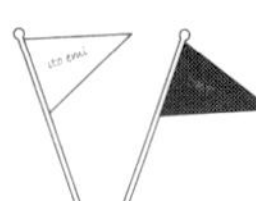

レスの問題を，悪循環でとらえられると先ほど申しました。悪循環は「循環」ですから，それを解消するためには，どこから手を付けてもよいということになります。こんがらがった毛糸にハサミを入れてほどくように，どこかにハサミを入れれば，悪循環は解消されます。だからCBTなんて面倒くさいことをしなくても，環境や状況が変わってくれれば（環境や状況にハサミが入れば），悪循環は解消されます。環境調整の意味はそこにあります。人間関係が悪化した場合に，自分が何もしなくても，相手が自発的に悔い改めてくれれば悪循環は解消される。そういう悪循環の解消のされ方があってもいいし，むしろそうあってくれたほうが楽ですよね。あるいは，うつ病や抑うつ症状に対して，CBTなんかしなくても，薬物治療で薬を飲むことで，身体面，特に脳に働きかける。そうやって脳や身体が変わることで，うつの悪循環が解消されることは，多々あることです。

そしてCBTの場合は，その悪循環を，認知と行動を工夫することで解消していきましょう，という考え方をするわけです。そしてCBTのなかでもとりわけ今日のテーマである認知再構成法は，認知にフォーカスしていくんです。認知再構成法とは，要は，自分で自分の認知に気づきを向け，必要に応じて自分の認知を柔軟にマネジメントできるようになるための技術だということができます。平たく言えば，自分の認知を自分で上手にいじれるようになる，そのための技術ということになります（図2-1)。

認知再構成法の手順

次のポイントは，認知再構成法の手順です。まともに取り組むのであれば，結構な数の手順を細かく踏む必要があります。

ポイント：認知再構成法の手順

1.「対象となる場面」（主訴関連，ストレス場面）を切り取って，具体的に表現する。
2. その場面における「気分・感情」と「自動思考（イメージを含む)」を全て同定・言語化し，その強度や確信度をパーセンテージ（%）で評価する。さらにその場面における「身体反応」「行動」も外在化する。（プチ・アセスメント）
3. 検討（ブレインストーミング）の対象とする自動思考を一つ選択する。（選択の仕方については後述）
4. 選択した自動思考を，さまざまな角度から検討（ブレインストーミング）し，新たな思考の「かけら」を出しまくる。
5. 出しまくった「かけら」たちから，新たな思考（代替思考）を複数作り出し，その確

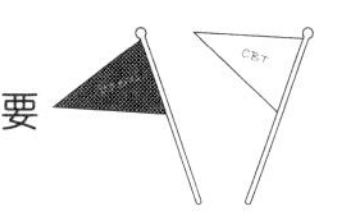

信度をパーセンテージで評価する。
6．もとの自動思考や気分・感情をパーセンテージで評価したり，現在の状態を評価する。
7．一連の手続きを振り返って検証する。

今は，この手順をざっと紹介して，後ほど，ツールを見ながらさらに細かく辿っていくことにします。

手順の１番目は「『対象となる場面』（主訴関連，ストレス場面）を切り取って，具体的に表現する」というものです。通常，主訴について認知再構成法をやりましょう，ということであれば，その主訴に関連する場面を切り取る，ということです。後で触れますが，主訴に対するCBTではなく，スキルトレーニングのような感じで認知再構成法を使う場合は，何らかのストレス場面を切り取って，それを具体的に表現することになります。

２番目は，その場面における「気分・感情」と「自動思考」を全部取り出して言語化し，さらに気分･感情の強度や自動思考の確信度を数字（パーセンテージ）で評価するというものです。具体的なやり方については後ほど解説します。さらにそのときの身体反応や行動も外在化します。つまり，ほぼ「プチ・アセスメント」のようなことを，ここでするわけです。

３番目は，２番目の手順でワーッと出てきた複数の自動思考から，検討の対象とする自動思考を一つ選ぶ，という作業をします。ストレス場面では自動思考も気分・感情もたった一つだけ，ということはほぼありません。両者ともワーッと２つも３つも４つも同時に出てくるものです。それら複数の自動思考や気分・感情をいっぺんに扱うことは，人間の認知処理能力的には不可能ですので，ここで一つに絞る必要があるのです。検討する自動思考を選択するやり方については後述します。

４番目は，一つ選択した自動思考に焦点を当てて，ブレインストーミングというのをやります。ご存知の方が多いと思いますが，ブレインストーミングとは「アイディア出し」の技術です。認知再構成法では，非機能的な自動思考の代わりとなる，新たな思考を作りたいのですが，それはそんなに簡単にできることではありません。なので最初から新たな思考を作りましょう，ということではなく，「新

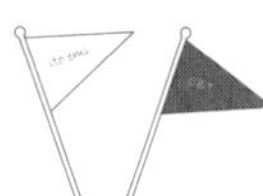

たな思考のもととなるアイディアを，ブレインストーミングを通じてとにかく出しまくれ！」ということをするわけです。「よい思考を生み出そう」といった色気を持たずに，ブレインストーミングを行って新たな思考の元となるかもしれない「かけら」を撒き散らそう，ということをこの段階で行います。

５番目は，ブレインストーミングによって撒き散らされた「かけら」たちから，自動思考の代わりとなる新たな思考，それを CBT では「代替思考」と言うのですが（英語だと「alternative thought」と言います），その代替思考を作るために使えそうな「かけら」を選択します。そして自動思考の代わりとなる，より機能的な代替思考を作ってみます。ブレインストーミングでたくさんの「かけら」が生み出されているので，代替思考は１個ではなく，それらの「かけら」から複数作ってみます。そして自動思考のときと同じように，それらの代替思考の確信度をパーセンテージで評価します。できれば「自動思考の代わりに，こう思ってみることができるな」「ああ，こういうふうに思ってみると，結構楽になるな」と強く思える代替思考をここで作りたいわけです。

６番目は，そんなふうに新たな思考を生み出してみて，しかもそれら新たな思考に対して，「確かにこう思ってみてもいいな」と確信度が高ければ，元の自動思考の確信度や，元の気分・感情におのずと変化が生じてくるので，それらの変化を確認するというステップです。具体的には元の自動思考の確信度や，元の気分・感情の強度をパーセンテージで評価したり，新たな思考に伴い新たなに生じた気分・感情を確認したりします。

最後の７番目は，これだけの手順を踏んで行った一連の認知再構成法のプロセスをあらためて振り返り，「やってみてどうだったか」ということを検討します。こんな感じで，まともにやろうとすると，結構な手順を踏むので，わりと大変というか面倒くさいというか，それなりに規模の大きな技法なんです，認知再構成法は。

このように認知再構成法では手順が多く，扱う情報量がものすごく多いので，これらを全て頭のなかでやろうとすると頭がパンクしていまいます。私たちが脳のなかで処理できる情報量には限りがあるので，ツールを使って情報を外在化して脳にかかる負担を下げることが必要です。そもそも CBT では「ツールに書き出

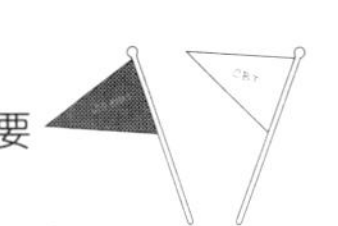

す」という外在化のスキルは不可欠ですが，特にこの認知再構成法では書き出す作業をしないと，進めていくことがほぼ不可能なのではないかと思います。

認知再構成法は一種のスキルです。ですから，一通り手順を行ったからといって何か大きな変化が起きるわけはなく，むしろ繰り返し練習し，自らの認知をマネジメントするスキルを身につける必要があります。これは，運転，料理，楽器の演奏といった他のさまざまなスキルを習得するのと全く同じなんですよね。運転もお料理も楽器の演奏も，日々，繰り返し練習をすることによって，やり方そのものが習得される。はじめは，たとえば車の運転だって，自動車教習所に通い始めのころは，もう右も左もわからない。ハンドルをどれだけ切ればどれだけ曲がるのかとか，ものすごく細かく注意を向けて意識し続けないと，一つひとつの動作ができない。しかしそれらの動作を繰り返し練習することによって，だんだん自然にできるようになるわけです。これを「自動化」と言います。ピアノの練習だって同じですよね。最初は楽譜をしっかり見ながら,「あれ，この音はどの指を使うんだっけ？」とものすごく意識して弾きます。でも，練習を繰り返すことによって，指の動きが自動化されて，さほど意識しなくても,「すらすらすら～」と弾けるようになるわけです。認知再構成法もそれらと全く同じで，最初は意識して丁寧に取り組んで，それを繰り返す。そのうちに自動化されて,「すらすらすら～」とできるようになる。このこと自体もクライアントに心理教育して，スキルの習得だから練習が大事なんだ，ということを伝えます。

ただし，こんなふうに「スキル」「スキル」と言うと，認知再構成法が何だかものすごい技術のように聞こえてしまうかもしれませんが，実は私たちが普段何気なくやっているちょっとした「思い直し」が，まさに認知再構成法なんです。嫌なことを思わず考えちゃったときに,「まあ，でも，こういうふうに思っておけばいいか」と思い直したり，何か気がかりなことがあるときに「ま，いいか。放っておこう」と思い直したりすることって，少なくありませんよね。この思い直しが実は立派な認知再構成法なんです。私自身がよくやる思い直しは，やらなければならない作業があるけれども面倒くさくて今日はやりたくない，というときに,「まあ，明日でいいか！」と思って気持ちを治める，というものです。自分のために認知を切り替える，自分のために思い直しをする，ということは，普段私たちがたいして意識せずに行っている認知的なコーピングで，これがまさに認知再構成法なのです。

特にメンタルが健康な人は，このような思い直しをさほど意識せずにさらっと普段からできているだと思います。それをあえてめちゃくちゃ細分化して，一つひとつにしっかりと意識を向けながらやってみましょう，というのがCBTにおける認知再構成法です。足を骨折しちゃって何カ月も歩けなくなっていた人が，リハビリで再び歩き出す，というのと似ているかもしれません。私たちはふだん「歩く」という動作を，さほど意識しないで毎日しています。しかし骨折で長らく歩けなかった人がリハビリで歩いてみましょうとなったときには，「あれ？　歩くってどうやるんだっけ？」「右足から出す？　それとも左足から？」「重心はどうすればいいんだ？」など，歩くということそれ自体にものすごく意識を向けて，少しずつ歩く練習をし，練習を重ねる中で，ふたたび意識せずに歩けるようになっていきます。認知再構成法もそれと同じです。何らかの事情で認知がうまくいかなくなる，というのは「思考の骨折」のようなもので，だからこそ，リハビリとして認知再構成法を習得してもらうとよいのです。

それからスキルの習得も，骨折のリハビリも同じことだと思うのですが，その人のペースというものがありますね。それを大事にする必要があります。運転だって，ささっとできるようになる人もいれば，時間をかけてゆっくりと上達する人もいるわけで，こちらのペースに合わせてもらうのではなく，習得する側のペースに合わせて提供できるとよいと思います。認知再構成法についても，割とささっと習得してすぐに使いこなせるようになる人もいれば，かなり時間をかけてゆっくりかつじっくりと習得する人もいらっしゃいますので，そこはできる限りクライアントのペースを尊重していただければ，と思います。もちろん，たとえば集団のプログラムなどでCBTを行っている場合は，そうはいかないこともあるとは思いますが。

認知再構成法の有り様をイメージする

次に，認知再構成法をどのようにイメージしてもらいたいか，ということを示します。最初に提示する図2-2の上の図は，認知再構成法に対してよくある誤解です。さきほども「認知の歪み」という用語について解説しましたが，「歪んだ認知をまっすぐにしましょう」というのは誤解で，そういうことを目指す技法ではありません。

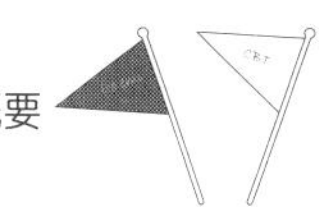

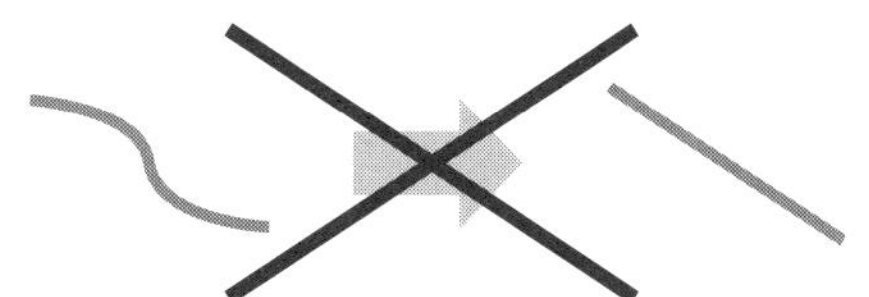

「歪んだ認知」を「まっすぐに」

ではない！

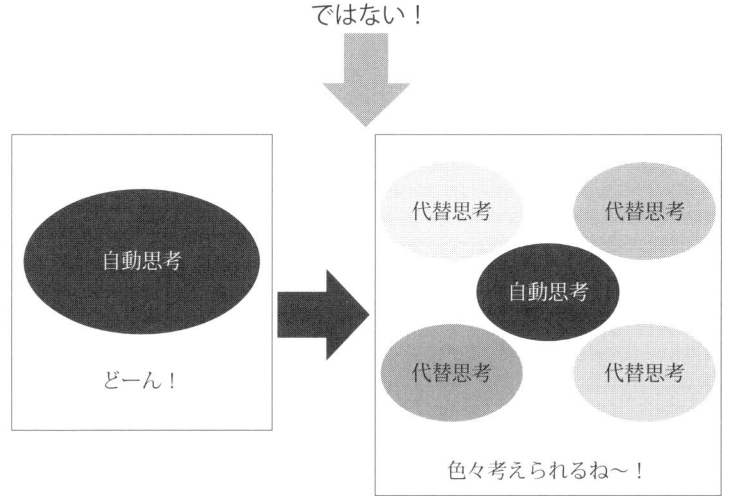

「オンリーワン」（絶対的）から「ワンオブゼム」（相対的）に！

図 2-2　認知再構成法はこんなイメージ……ではない

代わりに，認知再構成法については次の図 2-2 の下の図のようにイメージしてもらうとよいかと思います。

私たちを「どーん」を落ち込ませたり混乱させたりする自動思考があります。その自動思考がどーんと頭に浮かぶことによって自分がひどくつらくなったり，不安になったり，落ち込んだり，混乱したりする。その自動思考のせいで自分の気がおかしくなりそうになったり，おかしな行動を取りそうになったりする。そういう自動思考がどーんと来たときに，それに圧し潰されてしまうのではなく，さきほど紹介した「代替思考」を新たにいくつも生み出してみるのです。「こう考えてみてもいいかな」とまあまあ思える代替思考を，それも１個ではなく，複数創り出してみる。そうなると「オンリーワン」だった自動思考が，数ある思考のなかの一つ，つまり「ワンオブゼム」になる。自動思考オンリーではなくなる。自

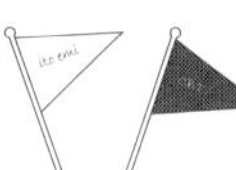

動思考自体を何も消したり変えたりする必要はないのです。もうすでに出てきちゃった思考を引っ込める必要はありませんし，消したり引っ込めたりすることは不可能です。それより「出ちゃったものはしょうがないよね」とそのままにして置いておき（マインドフルネス），代わりとなる思考を新たにいくつも生み出して，自動思考の周りに散りばめればいいのです。そうすれば，自動思考をどうこうしなくても，自動思考と同等の重みの思考がいくつも周りに配置されれば，自動思考の重みは相対的に軽くなりますね。自動思考が「オンリーワン」から「ワンオブゼム」という位置づけに変更されますね。絶対的だった自動思考が相対化されますね。認知再構成法ではそれを狙います。「こういう自動思考が出ちゃったけど，他にもいろいろ考えられるよね～」と，思考を柔軟かつ多様にしていくのです。認知再構成法については，こういうイメージを持ってもらえるといいかな，と思います。

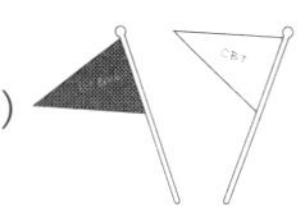

§3 認知再構成法で用いるツール（コラム，図的ツール）

認知再構成法で用いるツールについて紹介します。私はCBTで用いるツールをあれこれ工夫して作るのが好きで，今日は私が認知再構成法のために作ったツール（ツール３，４，５）も併せて皆さんに紹介します。これらのツールはコピーライトをつけた状態であれば，皆さんの臨床の現場でどんどんコピーして使っていただいて構いません。

コラム

最初にお示しするのは，認知再構成法で標準的に用いられる古典的なツールです。認知再構成法は，「コラム法」と呼ばれることがよくあるのですが，このツールがまさにコラムを表しています。コラムとは「円柱」という意味です。四角い円柱的なコラムを横並びにしたようなツールなので，コラム法と呼ばれています。このコラムを３つ並べると「トリプルコラム」，この図3-1でお示ししているのが５つのコラムが並んだ「ファイブコラム」です。この図に「自動思考の根拠」「自動思考への反証」というコラムが２つ足されると「セブンコラム」になります。いずれにせよ。コラムにそれぞれの情報を書き込んで，認知再構成法を進めていくのが，コラム法です。

このコラムは，ジュディス・ベックの時代になると「非機能的思考記録表(Dysfunctional Thought Record；DTR)」と呼ばれるようになります。「DTR」という略語で呼ばれることがよくあります。私も長年CBTの勉強をして，この認知再構成法の勉強もして，私自身の認知を扱って認知再構成法をするときも，クライアントと認知再構成法に取り組むときも，コラム法，つまりDTRを長らく使っていました。

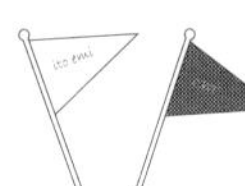

場面 状況 ストレッサー	気分・感情（%）	自動思考（%）	代わりとなる思考（%）	結果

copyright　洗足ストレスコーピング・サポートオフィス

図 3-1　ファイブコラム：認知再構成法で用いるツール（コラム）（DTR；非機能的思考記録表）

しかしながら，長年コラムを使いながら，私のなかでさまざまな問いというか疑問が生じてきました。まず，コラムって要は「表」ですよね。表にボールペンで記入していると，何だかちまちましてくるんです。お勉強チックというか，家計簿でもつけているみたいな感じで，小さな字がどんどん小さくなって，ちまちましてくる。それで「何だか面白くないな～」と思い始めました。

また，さきほどお示しした通り，認知再構成法ってさまざまな作業から構成されていますよね。一連の流れのなかで，いろいろな種類の作業に取り組みます。ところがコラム＝表だと，平面的で，のっぺりしちゃう。せっかくいろいろなことをしているのが，視覚的に表れない。ぺらっと一枚になってしまうと，「さまざまな作業をした」というのが外在化されなくて，「何だかもったいないな～」と思うようになりました。

さらに，私は大学の学部で心理学を専攻していたときは，認知心理学のゼミに所属し，基礎的な勉強をしていたのですが，認知心理学的にいうと，人間の認知って「表」ではないんです。「表」ではなく「図」なんです。私たちの認知は，一面的，平面的，二次元的な「表」ではなく，より立体的で三次元的な「図」なん

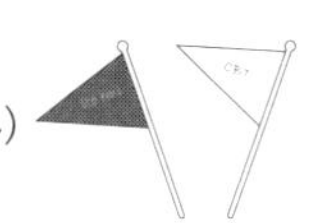

ですよね。ということは，その認知を扱うツールも「表」ではなく「図」にするほうがよいのではないか，と思い始めました。そしてその図が，認知再構成法で行うさまざまな作業を視覚的に表現できればなおさらいいな，と思うようになり，図的なツールを作ってみました。それがこの後紹介する３枚のツールです。この３枚は，「ツール３」「ツール４」「ツール５」とナンバリングされています。

3枚のツール

３枚の図的なツールを用いるメリットは，認知再構成法のプロセスをスモールステップで進めながら，「今，何をしているか」ということが理解しやすい，ということです。前述したとおり，この技法にはさまざまな手順があるのですが，これらのツールに取り組みながら，その手順を丁寧に，そして着実に進めることができます。一方，デメリットは，それだけ丁寧に取り組むぶん時間がかかる，ということです。「時間をかけてじっくりと取り組もう」というツールなので，当然と言えば当然なのですが。また，認知再構成法を導入する際にこれらのツールをクライアントにお見せすると，圧倒されてしまったり，「面倒くさそう」としり込みされてしまったりする場合があります。その場合は，「最初はみんな圧倒されるけれども，ちょっとずつ取り組むうちに，「そういうことか」とわかってくると，どうってことなくなるので，とりあえず手をつけてみませんか」と説明すると，「あ，そんなもんですか」と肩の力が抜けることが多いようです。

とはいえ，ツールはしょせんツールなので，このツール３，４，５にこだわる必要はありません。コラムを使いたければ使えばよいし，クライアントのなかではエクセルを使ってPCに入力するのが好きな方もいらっしゃいます。クライアントが好きなツール，使いやすいツールを使えばいいんです。

ではツール３，４，５を順番に提示して，概要をそれぞれ説明します。具体的な使い方については，後でたっぷりと事例を含めて紹介しますので，ここではざっくりと示すに留めます。まずはツール３です。

脚注：当機関で用いるツールでナンバリングされているのはツール１から６までです。ツール１は23ページで紹介したアセスメントシート，ツール２は後ほど（55ページ）で紹介する問題と目標を外在化するシートです。ツール６は問題解決法のためのツールで，本書では紹介しません。

ツール３ 特定場面のアセスメント
クライアント ID:＿＿＿＿＿＿

アセスメント・シート：特定の場面における自分の体験を具体的に理解する

年　月　日（　曜日）　氏名：

1．具体的場面：最近，ひどくストレスを感じた出来事や状況を１つ選び，具体的に記述する

●いつ？　どこで？　誰と？　どんな状況で？　どんな出来事が？　（その他何でも・・・）

2．自分の具体的反応：１の具体的場面における自分の体験を，認知行動モデルにもとづいて理解する

気分・感情とその強度（%）

□＿＿＿＿（　%）
□＿＿＿＿（　%）
□＿＿＿＿（　%）
□＿＿＿＿（　%）

※気分・感情とは，「不安」「悲しい」「怒り」「緊張」など，端的に表現できるのが，その特徴です。

認知（考え・イメージ）とその確信度（%）：そのとき，どんなことが頭に浮かんだろうか？

□＿＿＿＿（　%）
□＿＿＿＿（　%）
□＿＿＿＿（　%）
□＿＿＿＿（　%）

※ある特定の場面において瞬間的に頭に浮かぶ考えやイメージを，【自動思考】と言います。認知療法・認知行動療法では，否定的感情と相互作用する自動思考を把握し，自動思考への対応の仕方を習得します。はじめは自動思考を把握するのが難しいかもしれませんが，過度に否定的な感情が生じたときに，「今，どんなことが頭に浮かんだのだろうか？」「たった今，自分の頭をどんなことがよぎっただろうか？」と自問することで，自動思考を容易に把握できるようになります。

行動・身体的反応

備考：

図 3-2　ツール３：特定場面のアセスメント＆検討する自動思考の選択

ツール３

ツール３は，場面を切り取って，その瞬間に出てきた自動思考，気分・感情，身体反応，行動をパパッと外在化するためのツールです。主訴に関わるエピソードやストレスを強烈に受けたエピソードにおける一つの場面をここに切り取ります。この「場面」というのがとても大事で，これは漫画における「一つのコマ」です。ツール１を使ったアセスメントシートに外在化されるのは,「コマ」ではなく「プロセス」です。エピソードそのものが循環的に外在化されるのがツール１です。こんなことがあって，こんな自動思考が出て，こんな気持ちになって，こんな反応が身体に出て，こういう行動を取った，と。それがまた状況にこんなふうに跳ね返って……，というふうに一連のプロセスをみていく。一方，このツール３は，プロセスのなかの一コマを切り出すツールであって，プロセスではなく瞬間的な場面を外在化します。このへんは具体例を見ていただくほうが早いと思うので，後ほど事例を紹介します。

このツール３は，具体的であることが非常に重要です。ある場面，すなわちコマを超具体的に外在化します。よくクライアントに言うのは，「あなたが書いた

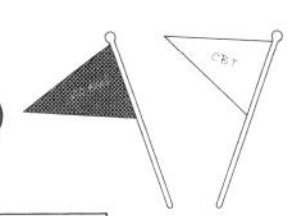

ツール４ 自動思考の検討
クライアント ID:＿＿＿＿＿＿

自動思考検討シート：否定的感情と関連する自動思考について検討する

年　月　日（　曜日）　氏名：

1．具体的場面：最近，ひどくストレスを感じた出来事や状況を１つ選び，具体的に記述する

●いつ？　どこで？　誰と？　どんな状況で？　どんな出来事が？　（その他何でも・・・）

2．気分・感情とその強度（%）

3．自動思考（考え・イメージ）とその確信度（%）

＊＊

4．自動思考の検討：さまざまな角度から，自動思考について考えてみます

①自動思考がその通りであるとの事実や根拠（理由）は？

②自動思考に反する事実や根拠（理由）は？

③自動思考を信じることのメリットは？

④自動思考を信じることのデメリットは？

⑤最悪どんなことになる可能性があるか？

⑥奇跡が起きたら，どんなすばらしいことになるか？

⑦現実には，どんなことになりそうか？

⑧以前，似たような体験をしたとき，どんな対処をした？

⑨他の人なら，この状況に対してどんなことをするだろうか？

⑩この状況に対して，どんなことができそうか？

⑪もし＿＿＿＿（友人）だったら何と言ってあげたい？

⑫自分自身に対して，どんなことを言ってあげたい？

※ 否定的感情と関連する自動思考を把握したら，その自動思考について，まずは上の問に対して具体的に回答してみます。このように自動思考を，さまざまな角度から検討することが認知療法・認知行動療法では重要なのです。自分のつらい気持ちに気づいたら，このシートに記入して，自動思考を検討してみましょう。

備考：

図 3-3　ツール４：選択した自動思考についてあれこれ考える（ブレインストーミング）

このツール３を，あなたを知らない人が道端で拾ったときに，『まあ，この人大変ね！』とありありとイメージできるような，それぐらいビビッドで具体的なものを作りましょうね」ということです。ツール３ではまず上部に，状況や場面を外在化します。そのうえで，強烈なストレス場面では，自動思考や気分・感情はたった一つではなく，複数のものがワーッと出てきて圧倒されることがよくあります。それらの自動思考や気分・感情を全て外在化します。そしてそれぞれの気分・感情の強度や，自動思考の確信度，これは「思いの強さ」と思ってもらえればいいと思いますが，それらを０から100までの数字をパーセンテージで評価します。これは主観的な評価でいいです。数字で評価するあたりが，非常にCBTっぽいですね。さらにその場面における身体反応や行動もみていって，より自動思考の機能を循環的にとらえるようにします。

ツール３では最後に，次のツール４のブレインストーミングで扱う自動思考を一つ選びます。複数の自動思考をブレインストーミングでいっぺんに扱うとなると頭がパンクしてしまうので，まずは自動思考を一つ選び，ツール４に進むのです。選び方については後ほど解説します。自動思考を一つ選び，それと関連する気分・感情も併せてピックアップする。それを次のツール４の作業につなげてい

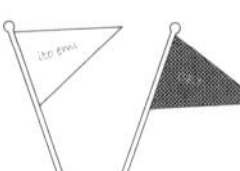

きます。

ツール4

この図3-3がツール4で，ブレインストーミングのためのツールです。まずはツール4の上部に，ツール3で特定した状況を書き入れ，選択した自動思考とそれと関連する気分・感情を，確信度と強度のパーセンテージも含めて外在化します。ツール3では，その場面における全ての自動思考と気分・感情を書き入れましたが，ツール4の上部には，ひとつ選んだ自動思考のみを書きます。その選んだ自動思考だけに焦点を当て，ツール4に提示されている数々の問いに答える形であれこれと検討していきます。ここには12個の質問が書いてありますが，これらはブレインストーミングのための刺激です。これら12個の質問に応答する形で自動思考に関してブレインストーミングをするのです。ブレインストーミングとは「アイディア出しのための技術」です。アイディアを出す際は，さきほどのマインドフルネスと同じく，一切評価や判断をせずに，何でもいいから出しまくれ，というのがブレインストーミングのルールです。なのでツール4では，ブレインストーミングをして，アイディアを出しまくり，それらを全て外在化していきます。もちろんこのツールの小さな欄には書ききれないので，別に白紙とかホワイトボードを用意して，そこにどんどん書き出していく。これらの12個の質問がとても面白いのですが，個々の質問の意味についてはのちほど具体的に解説します。とにかくこのツール4を使って，選択した自動思考をめぐってアイディアを撒き散らすんだ，というふうにご理解ください。

ツール5

次がツール5（図3-4）です。ツール4で散らかしたアイディアを選択し，まとめて，検証するためのツールです。ツール5の左上の部分は，ツール4の上の部分と全く同じです。認知再構成法で扱う場面，ツール3で選択した自動思考とそれに関連する気分・感情を記入します。ツール5の左下にはツール4のブレインストーミングで使った12の質問が記載されています。ツール5のメインは右側です。ツール4で撒き散らかしたアイディアを改めて眺め，自動思考の代わりとなる新たな考えを作るにあたって，どのアイディアなら使えそうか，という視点で，使えそうなアイディアをピックアップして，新たな考え（代替思考）をまとめ上げていきます。新たな考えとは,「自動思考の代わりにこういうふうに考えてみてもいいよなあ」とか「なるほど，こういうふうに考えてみれば，気分がち

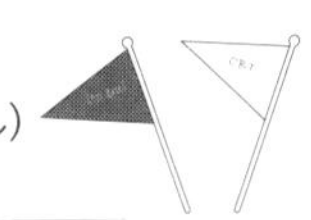

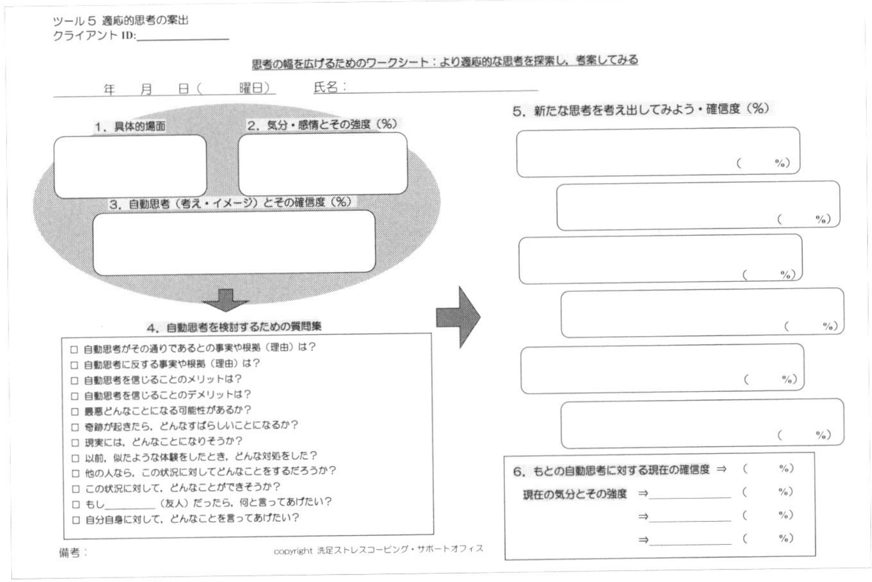

ツール５ 適応的思考の案出
クライアント ID:＿＿＿＿＿＿

思考の幅を広げるためのワークシート：より適応的な思考を探索し，考案してみる

＿＿年＿＿月＿＿日（＿＿曜日）　氏名：＿＿＿＿＿＿＿＿＿＿

1．具体的場面

2．気分・感情とその強度（%）

3．自動思考（考え・イメージ）とその確信度（%）

4．自動思考を検討するための質問集

- □ 自動思考がその通りであるとの事実や根拠（理由）は？
- □ 自動思考に反する事実や根拠（理由）は？
- □ 自動思考を信じることのメリットは？
- □ 自動思考を信じることのデメリットは？
- □ 最悪どんなことになる可能性があるか？
- □ 奇跡が起きたら，どんなすばらしいことになるか？
- □ 現実には，どんなことになりそうか？
- □ 以前，似たような体験をしたとき，どんな対処をした？
- □ 他の人なら，この状況に対してどんなことをするだろうか？
- □ この状況に対して，どんなことができそうか？
- □ もし＿＿＿＿＿（友人）だったら，何と言ってあげたい？
- □ 自分自身に対して，どんなことを言ってあげたい？

5．新たな思考を考え出してみよう・確信度（%）

（　　%）
（　　%）
（　　%）
（　　%）
（　　%）
（　　%）

6．もとの自動思考に対する現在の確信度 ⇒　（　　%）
現在の気分とその強度　⇒＿＿＿＿＿　（　　%）
⇒＿＿＿＿＿　（　　%）
⇒＿＿＿＿＿　（　　%）

備考：

copyright 洗足ストレスコーピング・サポートオフィス

図 3-4　ツール５：代替思考の案出と効果の検証

ょっと変わってくるかもしれない」とか「こういう考えを持てば，これまでとは異なる新たな行動を取れるかもしれない」と思える機能的な思考のことです。

ブレインストーミングで撒き散らしたアイディアとは，代替思考を作るための素材となる「かけら」のようなものです。ブレインストーミングをしている際には，かけらに対して評価や判断をしませんが，ブレインストーミングを終えてツール５に入った段階で，全てのかけらに対して「このかけらは使えそう」「このかけらは他のかけらと一緒にすれば使えそう」「このかけらはイマイチかな」「このかけらはあまり使いたくないなあ」などと，評価や判断をしていきます。このあたりの作業はKJ法（川喜多二郎が発案した発想法）に近いかもしれません。散らかしたものをグループ化していって，グループの山を作るというところはKJ法に似ています。代替思考は一つではなく，いくつも作るということが大事です。こうも思えるし，そうも思えるし，ああも思えるし……という感じで，なるべくたくさんの代替思考を作ります。ツール５の右側の欄にそれらの代替思考を外在化するのですが，ツール５には代替思考を記入する枠が６つ用意されています。なぜ６つなのか，ということについてはさほど根拠はありません。スペース的に６つになったというのが大きいです。ただ，若干こじつけではありますが，認知心理学で「マジカルナンバー7（セブン）」という概念があって，これは人間の認知が一度に処理できる情報の単位が「7（プラスマイナス1か2）」という理論です。そういう意味では，ツール5に記載する認知が，自動思考が1つ，代替思考が6つ，合わせて7つというのは，わりときりがいいかな，認知心理学的には理にかなっているかな，と思っています。

最後にツール5の右下の欄を使って，代替思考を作ったことによる効果を検証します。新たに作った代替思考を，声に出して，「そうだなあ」「こう思ってみることもできるよな」と思いながら，心をこめて読み上げます。あるいは自動思考が生じた場面をイメージして，そこにいる自分に対して，代替思考を，やはり心をこめて読んであげます。そのうえで，もとの自動思考に対する確信度が現時点でどうか，ということを検証します。もしこれらの代替思考があったら，自動思考の確信度はどうか，ということをシミュレーションします。たいていは，もともと高かった自動思考への確信度が多かれ少なかれ下がります。すると，もとの自動思考と関連していた気分・感情の強度も下がります。それらを数字（パーセンテージ）で検証するのです。あるいは新たな代替思考を作ったことで，新たな気分や感情が生じるかもしれません。それを言語化して，やはり強度を数字にしてみます。

そしてせっかくツール3，4，5と時間をかけて認知再構成法に取り組んだので，ここであらためて一連の流れを確認し，「取り組んでみてどうだったか」ということを振り返ります。ここまでが認知再構成法の一通りのプロセスです。かなりいろいろなことをするのだ，ということがおわかりいただけたかと思います。

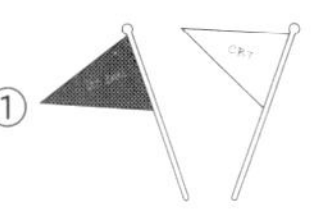

break
受講者からの感想①

ここでチャットに寄せられた，皆さんからの感想を読み上げ，必要に応じてコメントをつけます。

感想：認知再構成法の全体像が構造的に把握できて，理解がしやすかったです。

感想：今，関わっている人たちを思い浮かべながら聞いていました。休憩後の展開が楽しみです。

感想：ツール３や４に取り組むのは楽しそうですが，項目が多く大変なイメージです。これは１回のセッションで取り組むのですか？　それとも複数回に分けて行いますか？

伊藤：後でさらに説明しますが，これは１回のセッションでは絶対にできません。複数回に分けて行います。

感想：認知再構成法について，あらためて整理し直すことができました。コラム法は私も無機質な感じがしていたので，図を使ったツールのほうが取り組みやすいと感じました。

感想：３枚のツールのそれぞれの目的について，再確認ができました。

感想：認知再構成法は「よくない自動思考を変える」というイメージだったのですが，説明を聞いたら楽しそうに感じました。ブレインストーミングでいろいろ出して，こういうふうに出てきたものでいいんだ，というのが伝わると，クライアントも安心して取り組める気がします。認知再構成法についてクライアントに丁寧に説明しようと思いました。

感想：当事者です。今回もとてもためになる一日になりそうです。健康な人は認知再構成法がさらっとできるのに，私はこれだけの手順を踏んでいかないとい

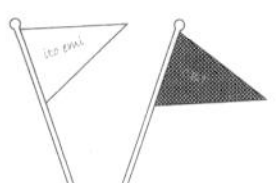

けないのかと思うと，ちょっとビビッてしまいます。

伊藤：私の説明がちょっとよくなかったかもしれません。いわゆる健康な人でも，その人の「ストレスのツボ」のようなものがあって，後で私自身の例を紹介しますが，健康な人でもその「ストレスのツボ」にはまってしまった場合は，やはり同じ手順を踏む必要があります。そのほうが認知が広がり，より再構成されるんです。実はこの後私が紹介する私自身のネタも，この認知再構成法のワークショップを開始して，もう 15 年以上になるのですが，その間，ツール３のサンプルの一つとしてのみ，紹介してきたんです。そしてこの 15 年以上もの間，実際にツール３止まりで，ツール４以降のワークをさぼりっぱなしの状態でした。しかし，今回，オンライン開催に向けてこの認知再構成法のワークショップを大幅にリニューアルするのに伴い，ワークショップのコンテンツを見直したときに，せっかくだからこのネタを使ってツール４と５をやってみようと思って，取り組んでみました。時間をかけてブレインストーミングをして，新たな認知を生み出す，ということをしてみたら，本当に自分でも思ってもみなかった展開になってびっくりしたんですね。きちんとやると，これだけ自分でも予想できない展開になるんだな，ということを改めて体験できて，とても面白かったです。ですから，当事者の方だけがこの手順を踏むのではなく，誰にとってもこの手順を丁寧に踏むと，予想もつかない新たな考えが出てくるんだ，という展開になり得ますので，誰にとっても必要な手順だと受け止めていただけたらと思います。

感想：シートは何枚もありますが，認知再構成法の過程を丁寧に進めていくのが可視化されていると思います。各ステップが具体的かつ小さいので，わかりやすいと思いました。

感想：楽しみにしていたワークショップで，わくわくしながらも真剣に受講させていただいています。一つひとつの作業について，どうするのかの方法，なぜするのかの目的を，具体的に図や絵に表すというのが，とても理解しやすかったです。クライアントとも丁寧に共有するということがとても大切だと感じました。

感想：「認知再構成法」と聞くとなんだか難しく感じますが，確かに「まあ，いい

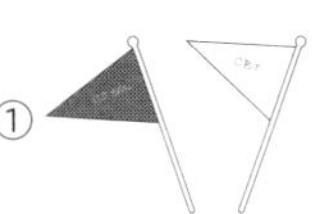

か」というのは私自身よく思うことなので，トレーニングをすれば慣れていくことができるのかなという感覚が持てました。

感想：連続してワークショップを受けると，より理解が深まります。特に自動思考に対する気づきを促し，一緒に対応方法を考えているクライアントを具体的に思い浮かべながら，私自身の対応も検証できます。先生がたとえ話をたくさん話してくださるので，さらにわかりやすいです。

感想:「まあ，いっか」が認知再構成法だというのが目から鱗でした。思考を柔軟にするのがカギとなるのかな，と思いました。

感想：自動思考を自分でキャッチできないでいると，自分の反応が処理されずにそのまま外に出てしまう，という説明が，スクールカウンセリングなど，いろいろなところで説明できそうだな，と思って聞いていました。

皆さん，さまざまな感想をお書きくださり，ありがとうございました。

§4 認知再構成法の導入

ケースフォーミュレーション

それでは先に進めます。実際にこの認知再構成法という技法をどのように導入すればよいのか，ということについてお話します。ケースフォーミュレーションのワークショップのときにも申しましたが，導入ってめちゃくちゃ大事なんです。どういうふうにCBTを始めるか，というCBTそれ自体の導入も大事ですし，技法に取り組むとしたらその技法の導入の仕方はやはり重要で，導入の仕方如何(いかん)によって，CBTや各種技法の効果が左右されてしまいます。したがって，せっかく実践するのであれば，いい感じで導入したいわけです。

どういうふうに認知再構成法を導入するかというと，やはり一番の理想は，認知行動療法の一連の構造や流れのなかで認知再構成法を入れるかどうかをきちっと検討するということです。もっと具体的にいうと，ケースフォーミュレーションをきっちりと行い，その流れで認知再構成法を導入する，ということです。ケースフォーミュレーションの流れ，すなわちインテーク面接をして，主訴を設定して，アセスメントを行い，何を問題とみなすかという仮説を立て，その問題をいい方向に持っていくために現実的な目標を設定する，その目標を達成するための技法として認知再構成法を選択する，という流れが，やはり一番望ましいと思います。

ということは，結局アセスメントを行って問題を同定した際に，「非機能的な認知」がそのクライアントの問題の中核にある，非機能的な認知がその方の問題や目標に深くかかわっている，という仮説設定が必要だということになります。非機能的な認知というのは，後で具体例を示しますが，その人をネガティブな方向にもっていくネガティブな認知のことです。その場合，認知の中身だけでなく機

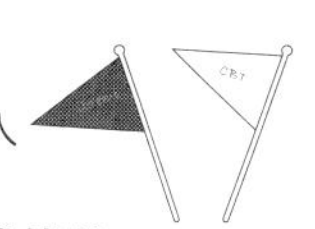

能をみていくことが重要です。あるいは，いわゆる「ぐるぐる思考」も非機能的な認知になりやすいです。特にうつ状態，うつ病の人のぐるぐる思考，心理学的には「反すう」と呼びますが，うつの人の反すうはかなりすごいです。ぐるぐるぐるぐる，どんどんどんどん思考が否定的な方向で拡大されていく。その否定的な自動思考が反すうされて大変だ，という人の場合は，その流れをできるだけ早めに切って認知を再構成するというのは，非常によくある介入です。

極端で非現実的な内容の認知も非機能的な認知です。ただし，誰がその認知を「極端で非現実的」だと決めるのでしょうか。それはクライアントです。セラピスト側が「この認知は非現実的だから変えましょう」と働きかけるのではなく，一緒にアセスメントやケースフォーミュレーションについて協同作業しながら，「やはりこの自動思考って極端すぎますよね」「この自動思考が行き過ぎだということがわかってきました」といったクライアント自身の気づきがあり，だったらもう少し現実的で極端でないものの見方ができるようになったらいいのかしら，ということをこちらが言ってみて，「ぜひ，そうなりたい」とクライアントが望むのであれば，じゃあ認知再構成法に取り組んでみましょうか，という流れになります。

認知再構成法を一番丁寧に行うとしたら，今申し上げたようにケースフォーミュレーションの流れのなかで，根拠に基づいてこの技法を選択する，ということになります。しかし一方で，リワークとかデイケアといったグループのプログラムでCBTを活用している現場が，今結構あると思います。そういうところでは心理教育とか心理的なトレーニングの一環として組まれたプログラムが実施されており，そこに認知再構成法が組み込まれていることもあるでしょう。その場合は個別のケースフォーミュレーションということではなく，スキルトレーニングのような形で認知再構成法を入れていくことになると思うのですが，その場合でも，参加者にいきなり認知再構成法に取り組んでもらうのではなく，CBTのモデルを紹介し，モデルに沿ってセルフモニタリングをする練習にまず取り組んでもらい，自動思考やそれに伴う気分・感情にリアルタイムに気づきを向けるといったスキルを身につけてもらった後に，では認知，特に自動思考に特化した技法である認知再構成法に取り組んでみましょうか，というふうに，あくまでもCBTの構造に沿った形で認知再構成法を扱うほうがいいと思います。

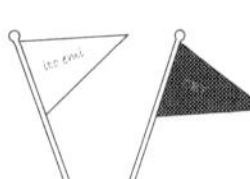

さらに，企業や学校などにおいて健康な方を対象にある種の「健康法」や「スキルトレーニング」として，研修などで認知再構成法を紹介する場合もあるかと思います。その場合は，個別のケースフォーミュレーションなどはせずに，一つの技術として提示することになるでしょう。たとえそういう場合でも，提示する側が，「私も自分のためにこの技術をこのように使って，こういうふうに役立っている」ということを，具体的に語れるようにしておく，ということが不可欠です。

以上をまとめると，個人と対象とした治療の場など，個別性の高いケースでは，CBT の文脈でケースフォーミュレーションを丁寧に行い，必要があれば，そしてクライアントが望むのであれば，しっかりと説明をして認知再構成法という技法を導入するべきだし，グループ CBT などでプログラムに組み込まれいてる場合は，「多くの方に役に立つ汎用性の高い技法なので，せっかくだから練習してみましょう」というように導入すればよい，ということになります。そして，個別性の高いケースで，クライアントが認知再構成法に取り組むことについて，「嫌だ」「やりたくない」と言う場合は，無理に導入する必要はありません。悪循環を解消するための手段は他にもあるので，クライアントが取り組みたいと思う手段を選べばいいのですから。行動が変われば認知も変わるので，たとえ認知に何らかの問題があるという仮説が立てられた場合でも，認知再構成法がマストだ，というわけではないのです。

事例から学ぶ：①認知再構成法の導入

ではこれから認知再構成法の導入の具体例，つまり事例をみていきます。どのようなときに導入し，どのようなときに導入しなくてもよいのか，ということも含めてご紹介したいのですが，まずは，昨年までの認知再構成法のワークショップでずっと詳しく紹介し続けてきた「田中洋子さん（仮名）」の事例を，今年からは一つのサンプルとしてざっくりと紹介することにします。この事例について詳細にお知りになりたい方は，『認知療法・認知行動療法面接の実際』（星和書店）という CBT の映像教材（DVD）がありますので，そちらをご覧ください。私がセラピストを行い，当時うちのオフィスに勤務していたスタッフが「田中洋子さん」役をしましたが，この教材を見ていただくと，CBT の導入，主訴の同定，基本モデルに基づくアセスメント，問題の同定と目標の設定，技法選択，選択した

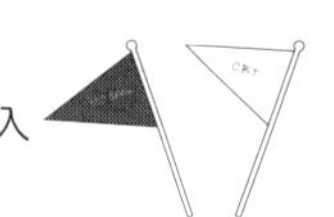

「認知再構成法」への取り組みに関する対話の様子を具体的に知ることができます。この撮影は，簡単な設定のみ，シナリオはまったくなし，というガチンコなもので，撮り直しなしでライブ撮影したものですので，通常の臨床現場でのやりとりとほぼ同じだと思っていただいてよいでしょう。

ここではざっくりと事例の流れをご紹介します。田中洋子さんは精神科の医師から「大うつ病性障害」と診断され，抗うつ薬が処方されています。さらに治療効果を上げるため，そして再発予防を見越して，当機関を訪れ，CBTを開始した，という設定です。彼女は専門学校の事務職員をしています。夫と二人暮らしです。専門学校の仕事は忙しく，人間関係でもいろいろあり，もともとストレスフルな職場でしたが，数カ月前に仲のよい同僚が辞めてしまい，人員の補充がなかったので，めちゃめちゃ忙しくなってしまいました。しかも仲のよい同僚が辞めたというのは一種の喪失体験です。そのあたりからうつ状態になり，実際，うつ病と診断されるに至り，薬物治療が始まりました。さらに主治医に心理療法を勧められ，当機関に来所し，インテーク面接を行った結果，CBTを開始することになりました。そして彼女の抑うつ症状が悪化するエピソードを聴取して，CBTの基本モデルに基づくアセスメントを行い，そのなかから問題を同定し，目標を設定するなかで，つまりケースフォーミュレーションを行うなかで，認知再構成法という技法が選択されました。もちろん認知再構成法に取り組むということについて，田中さん自身が同意しています。

次の図4-1は，田中さんと作成したアセスメントシート（ツール1）です。

このアセスメントシート（ツール1）についてざっくりと説明します。これは認知再構成法に取り組む前に，アセスメントの段階で作成したものです。そもそも田中さんの主訴は，「落ち込むと，ぐるぐる思考が止まらなくなり，そこから抜け出せない」といったものだったので，そのような主訴に関連するエピソードを出してもらいました。ここにある①②③とは，「一巡目」「二巡目」「三巡目」ということを示しています。まず一巡目ですが，12月8日の午後1時45分に，保護者から電話がかかってきたのを田中さんが対応した，ということから始まります。この保護者は学費について問い合わせするために専門学校に電話をしてきているのですが，この問い合わせに対応できる担当者がなかなかその電話に対応できず，この日，結局4回目の電話になってしまったんです。田中さんは担当者に

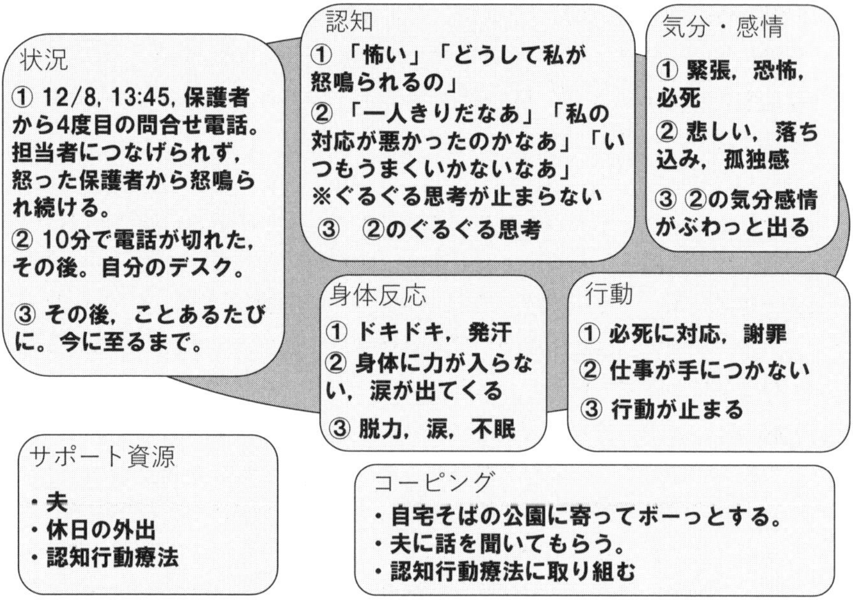

状況
① 12/8, 13:45, 保護者から4度目の問合せ電話。担当者につなげられず，怒った保護者から怒鳴られ続ける。
② 10分で電話が切れた，その後。自分のデスク。
③ その後，ことあるたびに。今に至るまで。

認知
①「怖い」「どうして私が怒鳴られるの」
②「一人きりだなあ」「私の対応が悪かったのかなあ」「いつもうまくいかないなあ」
※ぐるぐる思考が止まらない
③　②のぐるぐる思考

気分・感情
① 緊張，恐怖，必死
② 悲しい，落ち込み，孤独感
③ ②の気分感情がぶわっと出る

身体反応
① ドキドキ，発汗
② 身体に力が入らない，涙が出てくる
③ 脱力，涙，不眠

行動
① 必死に対応，謝罪
② 仕事が手につかない
③ 行動が止まる

サポート資源
・夫
・休日の外出
・認知行動療法

コーピング
・自宅そばの公園に寄ってボーっとする。
・夫に話を聞いてもらう。
・認知行動療法に取り組む

図 4-1　田中さんと作成したアセスメントシート（ツール１）

対して,「1時台にその保護者から４度目の電話がかかってくるので，必ず席にいて，対応してくださいね」とちゃんとお願いしていたんです。しかし担当者も忙しい身で，結局デスクにいてくれなかったので，仕方なく田中さんが電話を受けて，担当者が不在であることを告げると，保護者のほうも同じ日に４回も電話しているのに「またかよ！」という感じで，ブチ切れてしまったんですね。田中さん相手に電話で怒鳴り続けるわけです。これが一巡目のスタートです。

田中さんの認知（自動思考）としては,「怖い！」とか「どうして私が怒鳴られなきゃいけないの」といったものが出てきて，気分・感情としては「緊張」「恐怖」「必死」といったものがわいてきました。身体的には汗をかいてドキドキしています。そして行動としては，それでも必死に対応して一生懸命謝るわけです。ここまでが一巡目です。

二巡目は，10 分間怒鳴られ続け，田中さんも必死で謝り続けた後，ようやく電話が終わった，という状況です。彼女は自分のデスクにいます。そこで「一人きりだなあ」「私の対応が悪かったのかなあ」「いつもうまくいかないなあ」といった

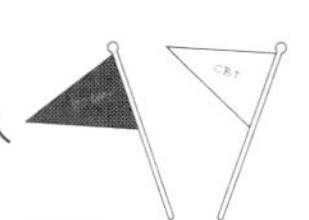

自動思考が噴出して，ぐるぐるしてしまいます。いわゆるぐるぐる思考，心理学的に言うと反すうです。このような自動思考の反すうが，うつっぽい人の特徴ですね。仮に私が田中さんの立場だったらどうか，ということを想像すると，一巡目は田中さんとさほど変わらないかもしれません。「うわっ！　この人，めっちゃ怒っている。やべえ」とか思いながら，必死に対応する。でも電話が切れた後で，私だったら担当者のところに行きます。「この時間帯にいてくれと頼んだのに，いてくれなかったせいで，私が怒鳴られちゃったじゃん。どうしてくれるの？」と詰め寄って，お詫びとしてコーヒーやビールの一杯でもおごらせます。要は，田中さんのように「私の対応が悪かった」などとは一切思わず，担当者のせいにして終わりにするんです。一方，田中さんのようにうつ状態にある人は，そうなりません。ネガティブな出来事を「自分のせいだ」などと自己関連づけして，自責して，しかもそういう否定的な自動思考がぐるぐる出てきて，それが「いつもうまくいかない」といった極端な白黒思考となって，ネガティブな方向にどんどん広がっていってしまうのです。それがうつっぽい人の自動思考の特徴です。

田中さんの場合，そうなると，気分・感情としても「悲しい」「落ち込み」「孤独感」といったネガティブなものが出てきて，身体反応としては「脱力」，身体に力が入らなくなってしまい，涙がぶわーっと出そうになる。行動としては，目の前の仕事が手につかず，止まってしまう。ここまでが二巡目です。

とはいえ，仕事が手につかないという状況は，延々とは続きません。しばらくすれば仕事には戻れます。だけど気がつくと，次の三巡目に入ってしまいます。この出来事はセッションの３日前に起きたことなのですが，その３日前から今に至るまで，事あるごとにこの出来事が想起されて，二巡目と同様のネガティブな反すうが生じてしまい，止まらなくなってしまいます。そうなると二巡目と同様の気分・感情や身体反応が生じ，その時々の行動がストップしてしまう。そしてその反すうが寝るときに生じると，眠れなくなってしまう。そういう現象が繰り返し繰り返し起きている。つまり三巡目は単に「３度目」というよりは，四巡，五巡，六巡……というように，三巡目の現象が無数に起きているということになります。その繰り返しがしんどいのです。まさに悪循環ですね。

アセスメントシートの右下の部分には，そのような悪循環に対する田中さんなりのコーピングが記載されています。「自宅そばの公園に寄ってボーっとする」と

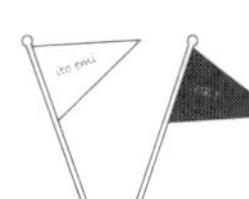

いうのは，職場から帰宅する途中で行うコーピングだそうです。反すうでぐちゃぐちゃ状態のまま帰宅すると，夫がとても心配するので，夫に心配かけたくないという思いもあって，また，田中さん自身，ちょっとワンクッション置きたいという気持ちもあって，公園に寄ってベンチに座ってボーっとするのだそうです。次のコーピングは「夫に話を聞いてもらう」というものです。ここのご夫婦の関係は良好で，夫は話を聞いてくれるし，「それはひどいね」などとコメントもくれるので，これもコーピングとしては悪くありません。ただ，公園に寄っても，夫に話しても，反すうのパワーが減じることなく，結局，ことあるごとに反すうし，特に夜寝るときにも反すうが出てきてしまい，寝付けなくなってしまうのです。こうやって私と認知行動療法に取り組むこともコーピングだよね，ということで，それもコーピングの欄に記入しました。

アセスメントシートの左下にはサポート資源を記入しました。とはいえ，田中さんのサポート資源はさほど多くなく，「夫」「休日の外出」「認知行動療法」の3つが挙げられました。

これでアセスメントシートが完成しました（図 4-1)。そして，田中さんとのやりとりのなかで，こういうことがしょっちゅうあることが確認されました。つまり，何かストレッサーとなる出来事が起きると，そのときにワーッと自動思考が出てきて大変になるだけでなく，それを引きずってしまう。その出来事が終わった後にも，ことあるごとに，その出来事に関連する自動思考，しかも自己関連づけとか自責といったネガティブな自動思考が反すうされて，気分が落ち込み，身体の力が抜け，行動がストップしてしまう，夜の就寝時にそれが起きると眠れなくなってしまう，という悪循環が起きやすい，ということが共有されました。

次の図 4-2 は，田中さんと一緒に作成したケースフォーミュレーションのシート（ツール 2）です。ツール 2 では，まず上部の「問題リスト」に，これまでに作成したアセスメントシートを眺めて，「何を問題とするか」という仮説を言語化していきます。田中さんの場合，次の 2 点を問題とみなすことにしました。それは「①何かあるとネガティブな反すうが起きてしまい，抜け出せなくなる」「②その結果，感情や行動や身体に悪影響が出て，悪循環に陥ってしまう」というものです。それをツール 2 の左下の部分に図式化し，視覚的にわかりやすくしました。ネガティブな反すう（ぐるぐる思考）が悪さをしている，という仮説が立て

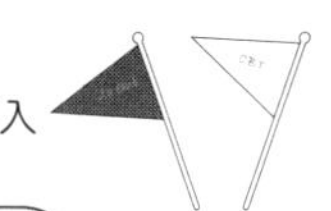

問題リスト

①何か あった後に，「……できなかった」「……すればよかったのに，しなかった」など同じことを何度もぐるぐると考えて，そのぐるぐるから自力で抜け出せない（ネガティブな反すう）

② その結果，悲しみや落ち込みなどネガティブな感情が生じ，何もできなくなってしまうし，不眠など身体にも悪影響が出てしまう。（悪循環）

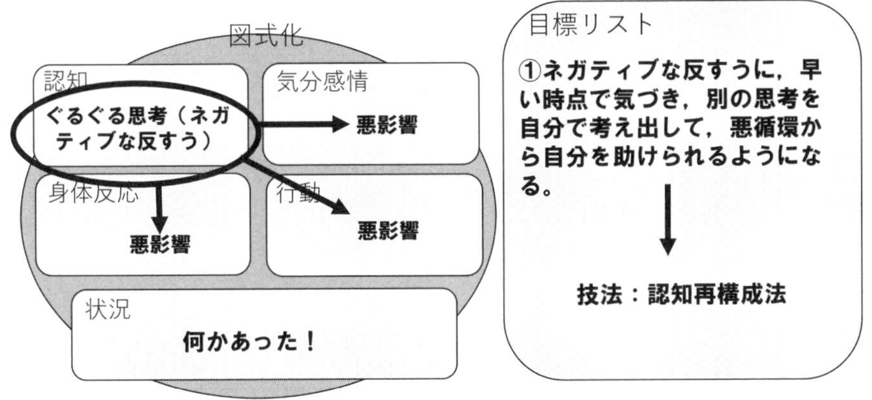

図 4-2　田中さんと作ったケースフォーメーション（ツール２）

られたことが，これを見ると一目瞭然です。

では，このような問題に対して，どのような目標を設定したか。それをツール２の右下の部分に書き込みました。このような目標はセラピストが設定するのではなく，必ずクライアントとの対話によって設定されます。DVD を見ていただくとよくわかるのですが，セラピストはクライアントに対して，「このような問題がどうなったらいいと思いますか？」「このような問題をどのような方向で解決したいと思いますか？」といった問いを投げかけます。その際重要なのは「現実的に達成可能であろうと思われる程度の目標を設定する」ということです。田中さんは最初，ぐるぐる思考について「考えないようになりたい」「考えなければよい」ということをおっしゃったのですが，「考えない」ということが，果たして現実的に可能でしょうか。私たちは朝起きて，夜寝つくまで，つまり覚醒している間，常に何か考えているんです。つまり自動思考が出続けています。要は，気絶でもしない限り「考えない」という状態は達成できません。「考えないようになりたい」「考えなければいいんだ」とおっしゃるクライアントは田中さんだけでなく，結構多くいらっしゃいます。そのような人には，今言ったこと（「気絶でもしなけ

れば，人は『考えない』ということはできない」）をお伝えし，「人は常に何かを考えている」を前提とした，現実的な目標を設定してもらうようにします。

となると，落としどころとしては，「ぐるぐる思考がどんどん展開してひどいことになる前に，すなわちぐるぐる思考が始まった初期のころに，ぐるぐる思考が始まったことそれ自体に気づき，そのぐるぐるに持っていかれるのではなく，ぐるぐる思考から抜けて，別の方向で考えられるようにして，悪循環から自分を助けられればよい」という目標が立てられることが多いです。田中さんの場合，「ネガティブな反すうに早い時点で気づき，別の思考を考え出して，悪循環から自分を助けられるようになる」というふうに目標が表現されました。そうなると第一選択となるのが認知再構成法です。そこで私から「認知再構成法という技法があるんだけど」と切り出し，認知再構成法について説明をしたところ，田中さんが興味を示し，「ぜひ取り組んでみたい」ということになったので，認知再構成法を開始することになりました。このように技法を導入する場合，必ずセラピストがその技法について説明し，クライアント自身が「やってみたい」と意思決定する，という流れが必要です。セラピストが「○○という技法をやりましょう」と決めてしまうことはありません。どんなにセラピストが「この技法がいいかも」と思っても，クライアント自身がその技法に取り組みたいと意思決定しなければ，その技法を導入することは絶対にしません。クライアント自身が決めることが重要なのです。

ネガティブな自動思考の反すう

ここまでが田中さんのケースで認知再構成法を導入するまでのケースフォーミュレーションの具体的な流れでした。この流れはうつ病や抑うつ症状で悩む人にとって典型的なものでもあります。ネガティブな自動思考が反すうしてうつが持続しているパターンですね。この反すうにどう対処すればよいのか。実際にはこういう絵をクライアントの目の前で描いてみせることがよくあります。

たとえば私たちが仕事で何かちょっとしたミスをしたとします。どのような自動思考が出てくるでしょうか。私の場合，「あ，やっちゃった！　早めに気づけてラッキー！」と思って，それでこの件は終わりになると思います。だって「ちょっとしたミス」ですから。ところが抑うつ状態にある人は違います。「あ，やっちゃった」「私，いつもやらかしているな」「あのときも失敗した，このときも失

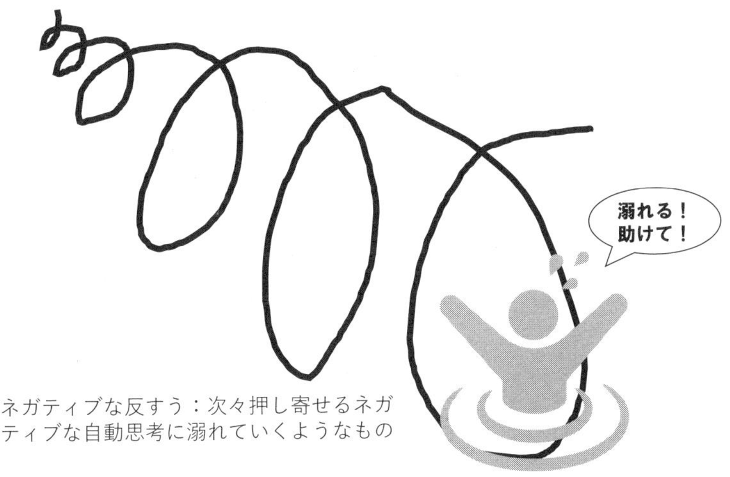

図 4-3　ネガティブな反すうの絵

敗した」「失敗ばかりの人生だな」「この仕事，向いていないんじゃないか」「皆，私に辞めてほしいと思っているんじゃないか」「でもこんな私じゃ，どこにいってもうまくいかない」「どうせどこに行っても失敗して，そこにいられなくなってしまうんだ」「だったら，もう生きていたくないな」「生きていても何もいいことはない」「だったら，いっそのこと死んじゃったほうがいいんじゃないかな」……というふうに，次から次へとネガティブな方向に自動思考が拡大再生産されてしまいます。

「ちょっとしたミス」についての自動思考が，どんどん悪い方に大きくなっていって，だいたい最後は「生きる」とか「死ぬ」といった生死に関する言葉が自動思考として出てくる。これはもう，この絵にあるとおり，海で波にさらわれて溺れている状態なんです。ここまで沖に流されて溺れている状態だと，もう自力で自分を救うことは難しく，ライフセーバーによる救助が必要だということになります。ネガティブな反すうのパターンを持っている田中さんのような人に，このような絵を描いてみせると，皆さん，「うん，うん」とうなずいて，「まさにこんな感じです。溺れているとしか言いようがない」などと腑に落ちてくれます。

ではどうすればよいか，ということで，次にこういう絵を描きます（図 4-4）。溺れかけたときに早めに気づいて，反すうの波からスーッと逃れればいいのです。

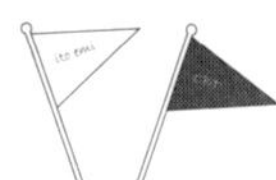

図 4-4　ネガティブな反すうにどう対処できるか

もうしっかりと溺れ切ってしまったら，さきほど申し上げた通り自力で抜けるのは難しく，ライフセーバーが必要となる。でもちょっとヤバい波にひっぱられそうになったときに，素早くそれに気づくことができれば，自力で抜け出し，溺れるのを防ぎ，安全な場所に避難することができます。またあらかじめ浮き輪を身体につけておけば，溺れることを防ぐことができますよね。「早めに気づいて身を守る」「あらかじめ浮き輪をつけておく」というのに役立つのが認知再構成法という技法なんです。こういうたとえ話を使って，反すうや認知再構成法について説明すると，クライアントもイメージしやすいようですし，認知再構成法をやってみたいというモチベーションが高まります。

このようにネガティブな反すうのパターンを持つ人には認知再構成法を提案することが多いのですが，とはいえ，絶対に認知再構成法ではないと反すうのパターンは修正できないのか，というと，そんなことはありません。認知行動療法は循環的なモデルに基づきます。すなわち認知が変われば行動が変わりますが，行動が変われば認知だって変わります。だから認知に直接アプローチしなくても，認知的な問題は解決する可能性があります。実際に今私は，あるクライアントさんと反すうの問題に取り組んでいますが，技法としては行動活性化を使っています。このクライアントは反すうに巻き込まれて寝込んでしまうのですが，その際，反すうをどうこうしようとするのではなく，「寝込む」以外の行動を柔軟に取り入

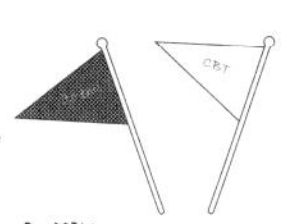

れることによって，結果的に反すうがおさまることを狙っています。そして実際にその通りの成果を上げています。行動活性化を選んだのはクライアント自身です。一通り技法についてセラピストが紹介した後は，クライアントが取り組みたい技法を選択するのがよいのではないでしょうか。ただ，ネガティブな反すうのパターンを持つ多くのクライアントが認知再構成法を選択するというのも事実です。

事例から学ぶ：②認知再構成法を自分のために生かす

次は私（伊藤絵美さん）の事例を紹介します。これは後で詳しく紹介する私の認知再構成法の事例とは別のネタです。初級ワークショップやケースフォーミュレーションのワークショップに出てくださった方は，そこでご紹介しているのですでにご存じのネタです。またこのネタについては『認知行動療法カウンセリング実践ワークショップ』（星和書店）にも紹介されています。ここではケースフォーミュレーションの流れのなかで，認知再構成法という技法がどう扱われるのか，ということを示すために，簡単にこのネタを紹介します。

これは昔，私自身が本当に困っていたネタです。それは「締め切りに間に合うように原稿が書けない」という困りごとでした。だいたい依頼される原稿には締め切りがあって，締め切り前に原稿を書き切って，編集者に送ればいいのに，なぜかぐずぐずして執筆に取りかかれず，締め切りが過ぎてから慌てて書き始め，遅れて提出する，ということが続いていました。どうせ書いて出すなら，締め切り前に書いてしまえばいいのに，なかなかそれができなくて困っていたのです。

ちなみに，ここでいう原稿とは，ちょっとした依頼論文とか書評とかエッセイとか，そういう類の原稿で，たいていは３日間から１週間ほど頑張れば，書き上げることができるといった規模感です。「ちょっと頑張れば書けるはずなのに，どうしていつも遅れちゃうんだろう」と悩んでいました。そこでセルフ CBT をすることにして，まずは CBT の基本モデルを使ってアセスメントを行いました。まずは１枚目のアセスメントシート（ツール１）をお示しします（図 4-5）。

１枚目のアセスメントシートの出発点は，「１カ月後に締め切りの原稿にまったく手を付けていない」という状況です。さきほど私は「３日から１週間，頑張

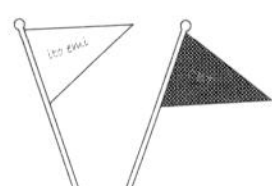

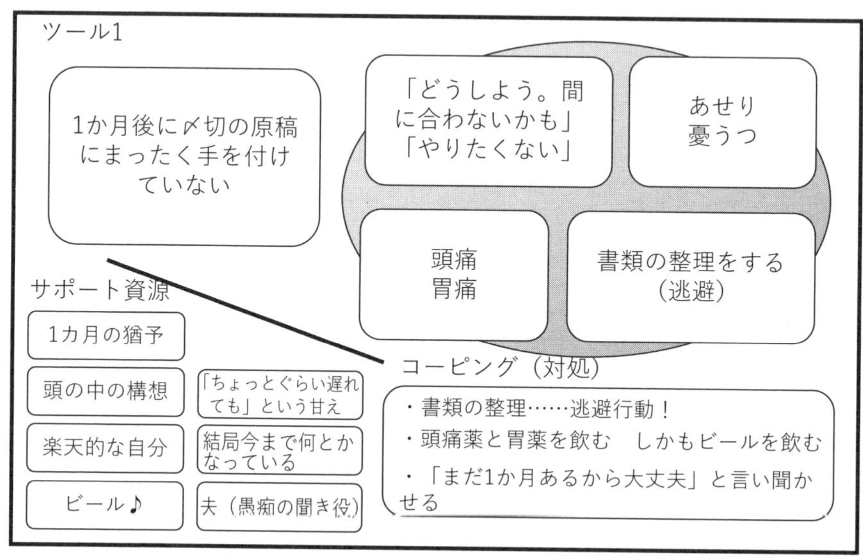

図 4-5 「原稿が書けない問題」のアセスメントシート（その1）

れば書ける」と言いました。そして出発点は「１カ月後」です。客観的に考えれば，めちゃくちゃ余裕があることになります。ところが原稿の仕事に直面した私の頭には，「どうしよう。間に合わないかも」とか「やりたくない」とか，ツールには書いていないのですが，他にも「めんどくさい」とか「原稿の仕事って好きじゃないな」とか「どうして引き受けちゃったんだろう」といった自動思考が湧き上がります。そしてこれらの自動思考に飲み込まれてしまいます。

それにしても自動思考とは曲者で，１カ月後の締め切りなのに，私の自動思考は「間に合わないかも」と言い始めています。この自動思考は嘘なんです。本当のことを言っていません。１カ月あれば絶対に間に合うのですから。なのに「間に合わない」などと自動思考が言い出すわけです。それにこういった原稿の仕事は強制ではありません。出版社から「こういう原稿仕事がありますが，書きませんか？」という打診があって，その段階で「そのテーマでは書けない」と判断したらそこでお断りします。つまり打診があって，「このテーマなら私にも書けるかも」とか，場合によっては「このテーマなら書いてみたい」ぐらいの気持ちでお引き受けしています。にもかかわらず，その仕事を目の前にすると，「やりたくない」「めんどくさい」といった自動思考が勝手に湧いてきて，それに巻き込まれてしまうのです。

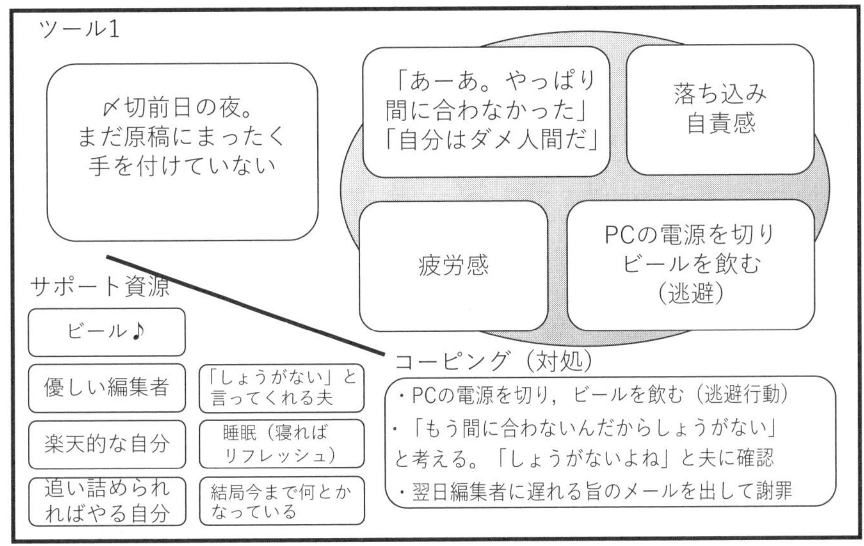

図 4-6 「原稿が書けない問題」のアセスメントシート（その２）

これらの自動思考に巻き込まれることによって，気分・感情としては，「あせり」とか「憂うつ」といったものが生じてきます。身体的には，これは私の体質もあると思うのですが，こういうストレス状況では胃痛と頭痛が発生します。そして行動は,「やりたくない」という自動思考によって，原稿仕事を実際にやらないわけです。そして書類の整理など，本当は今しなくてもよい，ちょっとした行動に逃げます。原稿を書きたくなく，ぐずぐずしているときほど，皮肉なことに私のデスク周りは整理されるのです。この「書類の整理」という逃避行動は，ある意味コーピングでもあるので，コーピングの欄にも記入されています。これが１枚目のアセスメントシートです。このようなことが連日，続いていきます。

次が２枚目（図 4-6）です。とうとう１枚目のアセスメントシートのようなことが連日続いた結果，原稿に全く手を付けない状況で締め切りの前日を迎えてしまいました。

このアセスメントシートは，締め切りの前日の夜の８時のものです。なぜか８時になると,私の中で「終わった」という感じになります。「もう締め切りに間に合わない」ということが確定するのです。そこで「あーあ。やっぱり間に合わな

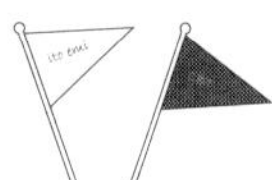

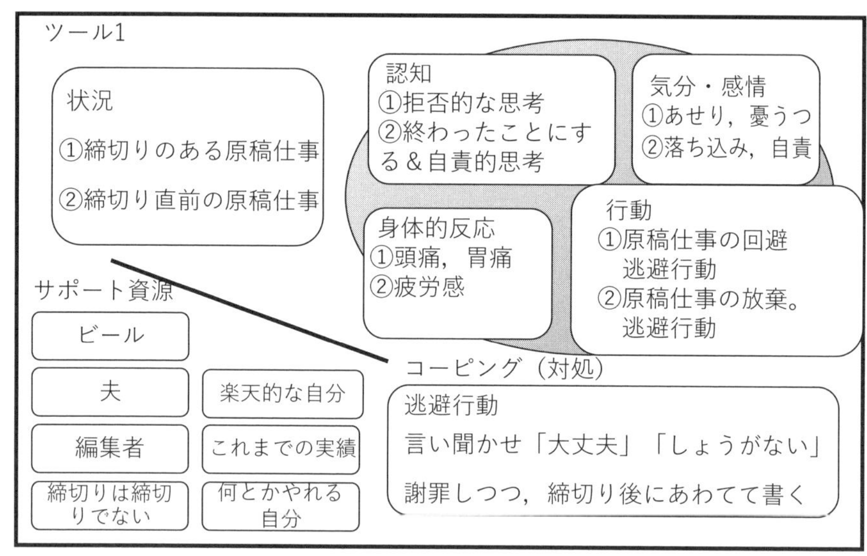

図 4-7 「原稿が書けない問題」のアセスメントのまとめ

かった」と，急に過去形の文体となった自動思考が生じます。これは前から本当に不思議だったのですが，とにかく前日の8時を迎えた時点で，過去形になるのです。これはいつもそうでした。そして締め切りに間に合うように原稿を書けなかった自分について「自分はダメな人間だ」「人間として終わっている」的な自責っぽい自動思考が生じます。なので，それまでは「あせり」や「憂うつ」といった気分・感情が生じていたのですが，この段階では新たに生じた自動思考によって，むしろ「落ち込み」とか「自責感」といったものに切り替わります。要するにしょんぼりしちゃったんですね。そうなると身体反応としては，「疲労感」。何にもしていないのに，不思議と身体は疲れています。そして行動としては，ここでもう終わったことになったのでパソコンの電源を切り，ビールを飲みます。これが新たな逃避行動ですね。同時にビールを飲むという行動は，自分をなぐさめるためのコーピングでもあります。まあ，以前はこういうことが繰り返し起こっており，本当に困っていました。

次が「原稿を書けない」という問題を繰り返しアセスメントしたものをまとめたものです（図 4-7）。当初，アセスメントはエピソードレベルで行います。一つひとつのエピソードが「ローデータ」になります。エピソードがいくつか集まったら，抽象度を一段階上げた「まとめ」のアセスメントシートを作ってみるので

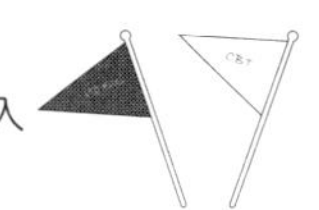

す。

この「アセスメントのまとめ」のシートには，一巡目と二巡目の流れが併せて書かれています。一巡目は「締め切りのある原稿仕事」といった状況です。そこで「拒否的な思考」が湧いてきて，「あせり」「憂うつ」といった気分・感情，「頭痛」「胃痛」といった身体反応,「原稿仕事の回避」「逃避」といった行動が生じます。そして二巡目が「締め切り直前の原稿仕事」といった状況です。つまり前日の夜８時のことですね。そうなると「終わったことにする＆自責的思考」が湧いてきて，「落ち込み」「自責」といった気分・感情，「疲労感」といった身体反応,「原稿仕事の放棄」「逃避行動」といった行動が生じます。この２つの循環が繰り返されているのです。

このように「アセスメントのまとめ」ができたら，問題リストの作成に入ります。それを次に示します。

問題リストの例（その１＆その２）:「原稿が書けない問題」の問題リスト

1．締切りのある原稿仕事に直面すると，それに対する拒否的思考が自動的に出てくることで，嫌な気分になり，身体にもネガティブな反応が生じてしまう。
2．上記１の結果，原稿仕事を回避し，他の逃避行動に走り，結果的に原稿仕事が全然進まない。
3．その結果，締切り直前まで原稿仕事が全く進まない。
4．“締切り直前＝締切りは過ぎていない”にも関わらず，終わったことにする思考が自動的に生じ，自分を責め，ひどく落ち込んでしまう。
5．締切り直前に「終わったこと」にしてしまうため，原稿仕事を完全に放棄し，適切な対処行動を取ることができない。

さきほど示した「アセスメントのまとめ」を，特に「認知の問題」と「行動の問題」に焦点をしぼって言語化し，リスト化したものが，この「問題リスト」です。アセスメントの段階では，「認知」と「行動」のみならず，「状況」「気分・感情」「身体反応」を含めた全体的な循環を把握するのですが，「問題リスト」を作成する段階では，対処可能な「認知」と「行動」に的をしぼって（これが認知行動療法の理論ですね。すなわち「認知」と「行動」は対処可能，その他は直接的な対処が難しいという理論です),「何を問題とみなすか」という仮説を立てるのです。

この「問題リスト」に基づき，今度は「目標リスト」を作ります。それが次のリストです。

目標リストの例（その１＆その２）：「原稿が書けない問題」の目標リスト

1．原稿仕事を引き受けたらすぐに，書き上げるまでの計画を立て，外在化する。
2．その計画通りに原稿執筆の仕事を進める。
3．その際に生じる否定的な自動思考に早めに気づき，その思考を手放すか，計画通りに原稿を書く方向で思考を再構成するかできるようになる。
4．目標１～３が達成されれば「締め切り直前」という羽目には陥らないはずだが，万が一何らかの事情でそういうことになった場合は，原稿を放棄せず，その場で最適な対処行動を取れるようになる。

問題リストが「認知」と「行動」に焦点を当てるとしたら，当然目標リストも同様に「認知」と「行動」に的を絞ったものになります。問題リストで挙げられた問題が，現実的にひとまずどうなるとよいか，ひとまずどうすることができそうか，という視点から目標を設定します。実際にこれらの問題リストや目標リストは，さきほどの田中さんと同様，フォーミュレーションのためのシート（ツール２）に記載されています。そして田中さんと同様，このように目標が設定されたところで，各目標に対して CBT のどの技法を用いるのか，計画を立てます。田中さんの場合は目標が一つですから，その目標をめがけて技法を決めることができましたが，伊藤絵美さん（私のことですが）の場合，目標が４つあります。技法はどのように決めたらよいでしょうか。それを目標リストに書き込んでみました。それが次に示すリストです。

「原稿が書けない問題」の目標リストに技法案を追記したもの

1．原稿仕事を引き受けたらすぐに，書き上げるまでの計画を立て，外在化する。……問題解決法
2．その計画通りに原稿執筆の仕事を進める。……問題解決法
3．その際に生じる否定的な自動思考に早めに気づき，その思考を手放すか，計画通りに原稿を書く方向で思考を再構成するかできるようになる。……マインドフルネス／認知再構成法
4．目標１～３が達成されれば「締切り直前」という羽目には陥らないはずだが，万が一何らかの事情でそういうことになった場合は，原稿を放棄せず，その場で最適な対処行動を取れるようになる。……問題解決法

●メインの技法……問題解決法サブの技法……認知再構成法（マインドフルネスを含む）

最初の目標と２番目の目標は行動に焦点が当たっているので，行動変容にあた

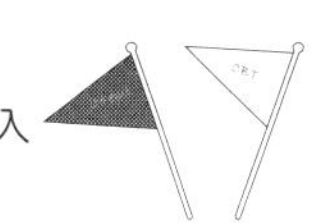

って最も汎用性の高い「問題解決法」がよいのではないかと考えました。３番目の目標は認知に焦点が当たっているので，ここで認知，特に自動思考に焦点を当てた「マインドフルネス」と「認知再構成法」がよいのではないかと考えました。そしてこれら３つの目標が達成されたら「締め切り直前」という状況にはならないはずですが，万が一そういう状況になった場合は，やはりその状況において適切な行動が取れればよい，ということになり，となるとやはり行動に焦点が当たっているので「問題解決法」がよいのではないかと考えました。このように各目標に合うと思われる技法をそれぞれ挙げてみると，この場合は「認知再構成法」はサブの技法で，むしろ「問題解決法」がメインの技法になりそうだ，という計画になりました。そして実際に私はこの「原稿が書けない問題」については問題解決法を用いて見事に克服したのです！　これについては（次に出版する）問題解決法のワークショップで具体的に提示する予定です。

とはいえここでも，ちょっと自慢をさせてください。今申し上げた通り，私はこのようなセルフ CBT で，「原稿が書けない問題」を完璧に克服しました。といっても，今でも原稿仕事が好きではないんです。こんなにたくさん本を出しておいて言うのもなんですが，どちらかと言うと原稿を書くという仕事はそんなに好きじゃないんですよね。一人でコツコツ進めないといけない仕事って，あまり好きじゃない。臨床現場でクライアントさんと対話したり，このようなワークショップで皆さんとコミュニケーションを取ったりする仕事は大好きで，ちっとも苦にならないのですが，原稿を書くとか翻訳をするとか，一人で孤独に進めていかないといけない仕事は性に合っていないんです。だから今でも原稿仕事に向き合うと，「嫌だな」「めんどくさいな」「間に合わないんじゃないか」といった自動思考は普通にバシバシ生じます。でも，その自動思考に巻き込まれて逃避行動に走ってギリギリになって焦せる，という現象は今，全く起きていません。さきほど紹介した目標リストだと，「計画だけは早めに立てる」となっていましたが，今では「どうせいつか書くのであれば，早めにとっとと仕上げてしまおう」という認知のもとで，「嫌だ」「めんどくさいな」と思いながらも，とっとと書いてしまうんですよね。だから今では編集者に驚かれてしまうほど，早く原稿を出せてしまうんです。11 月末締め切りの原稿を９月には出せてしまう，みたいな。そして「どうせ書くなら，ぐずぐずせずに早めに書いてしまったほうが，結局自分が楽なんだ」ということを，身をもって学びました。これは問題解決法の結果，認知が再構成された，という事例でもあります。

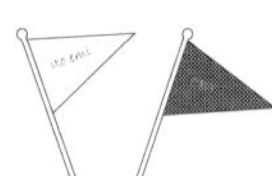

事例から学ぶ：③抑うつ＋境界性パーソナリティ障害のクライアント

もう一つ事例をご紹介します。これはケースフォーミュレーションのワークショップでも紹介した架空のケースで，仮にクライアントを「薬師丸遥さん」とお呼びすることにします。この方の主訴は「対人関係が安定しない。継続的な人間関係を持てない。人を信じられない。人と関わるうえで自分に自信が持てない」というものでした。CBT の経過としては，もともと「抑うつ症状」「境界性パーソナリティ障害（BPD）」という診断のもと，精神科で治療を受けていたのですが，なかなか軽快しないため，主治医の紹介で当機関を紹介され，CBT を開始した，というものです。当初，激しい自傷行為や自殺企図のリスクがあったため，それらに対する応急処置的な対応を行った後，主に対人関係に関する CBT のアセスメントに入り，ケースフォーミュレーションを行った，というケースです。

図 4-8 は薬師丸さんと作成したアセスメントシートの一例です。エピソードは先週の月曜日の午後２時から始まります。当時，彼女は無職で，会社員の恋人がいました。薬師丸さんは自宅にいて，退屈だったので，彼にメールを出しました。なのでメールの内容としては「今，何しているの？」とか「お腹すいたな」といったたわいのないもので，緊急のものではありません。そして１時間待ったのですが，彼からの返信はありませんでした。そこでネガティブな反すうが始まってしまいます。内容としては「なんで返事が来ないの？」「どうして彼は返事をしてくれないの？」「メールの返事ぐらいすぐにできそうなものなのに」「返事が来ないなんておかしい！」といったものです。そこで気分的には猛烈に不安になってきます。身体反応としては，全身がそわそわし，落ち着かなくなってきます。しかし薬師丸さんはここで踏ん張って，もう一度メールを出して様子を見ます。これがもう少し前だったら，この時点で激しい行動化が始まっていたでしょう。しかし CBT に取り組み始めて，こういったストレス状況で多少持ちこたえることができるようになっていました。

そういうわけで，さらに１時間待ってみたのですが，彼からの返信は来ませんでした。ここで彼女の自動思考が暴走してしまいます。「２時間もメールの返事をくれないなんて，ひどい！」「私は彼に見捨てられたんだ！」「彼は私を見捨てたんだ！」「もう耐えられない」「だったらもう死んでしまいたい」「もう死んで

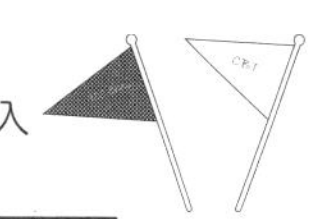

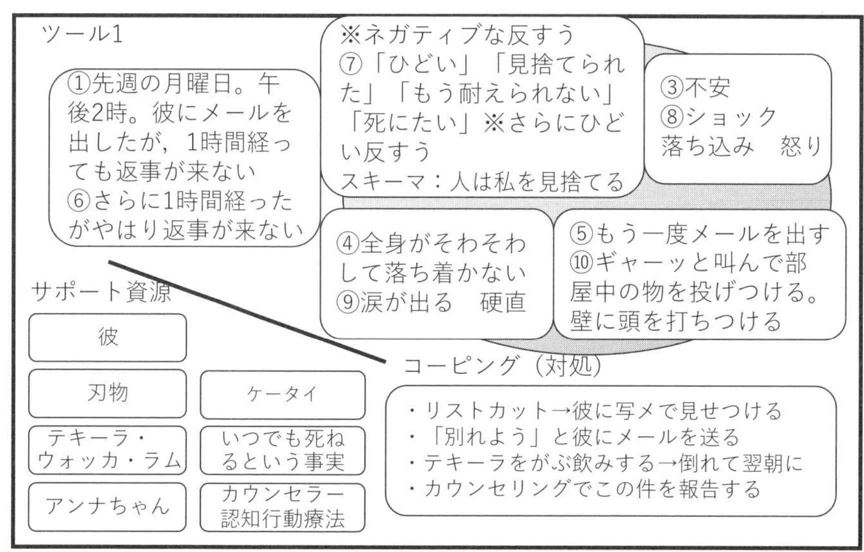

図 4-8　薬師丸さんのアセスメント（エピソード）

やる！」といった「見捨てられ」とか「死」に関連する自動思考がぐるぐる反すうします。気分・感情としては，見捨てられたことに対するショックや落ち込みや怒りが噴出します。身体的には涙がバーッと出てきて，全身が硬直します。その直後，行動としては，ギャーッと絶叫し，部屋中の物を投げつけ，次に壁に頭をガンガン打ちつけます。いわゆる行動化です。ひどいことになってしまいました。壁に頭を打ちつけるのは，自傷行為ですが，これはコーピングではありません。混乱し，気づいたら壁に頭を打っていた，というのが彼女自身の体験のあり様です。

しかし壁に頭を打つと，頭は痛いし，壁が傷つくし，彼女は賃貸マンションに住んでいたので，途中で「やばい」と気がつくんですね。そこでどうするかというと「やばい，落ち着かなきゃ」と思って，自分を落ち着かせるためにリストカットをします。したがってリストカットも自傷行為ではありますが，こちらは自分助けの意図があるので，コーピングとみなせます。なのでコーピングの欄に記載します。リストカットをすることで彼女は我に返り，混乱が少々治まりますが，「こういうふうになったのは彼のせいだ」と怒りが湧き，リストカット後の出血した手首の写真を添付したメールを彼に送ってしまうのです。そしてBPDの人にはよくあることですが，「捨てられるぐらいなら，自分から捨ててやる！」という

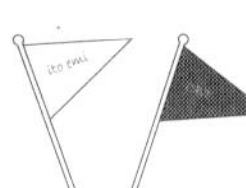

ことで，メールには「別れましょう」という文面が書かれています。まあ，彼にしてみればびっくりですよね。平日の午後，普通に仕事をしていたら，会議なり外回りの営業なりで２時間程度返事ができないなんてことはざらにあることでしょう。しかもメールの文面は緊急なものではないですし。そこにいきなりリストカットの写メと「別れましょう」が来るのですから。

そして薬師丸さん自身も彼にメールを送ってしばらくすると，さらに我に返って，自分のしたことに対してほとほと嫌気がさして，強烈な自己嫌悪に襲われるのだそうです。そうなると本当に死にたくなっちゃうんですね。彼女は当時，マンションの高層階に住んでいて，ベランダから飛び降りちゃったら確実に死ぬ，という状況にいました。そしてこういうとき，自己嫌悪で「このまま身投げしちゃおうかな」という自動思考がものすごくリアリティを帯びてくる。「やばい，このままだと私，本当に死んじゃう」と思って「死ぬ代わりに気絶しよう」ということで，テキーラとか強いお酒を飲んで，そして本当はいけないのですが精神科の処方薬を少し多めに服用して，それでぐでんぐでんになって倒れてしまう。こうやって倒れると，気づいたら翌日になっていて，お酒と薬が残っていて，ぐったりしている。あまりにぐったりしているのでトイレに行くのがせいぜいで，死ぬ気にもならないんだそうです。このようにして死ぬのを回避するわけです。だから強いお酒と処方薬というのは「いただけない」ことではありますが，彼女にしてみれば必死にコーピングしているわけです。それから後日，カウンセリングのセッションで私にこのことを報告する，というのもコーピングだよね，ということでそれも書き出しました。

サポート資源には，当の「彼」も書かれています。彼はとてもアンビヴァレントな存在なのでしょう。リスカの道具である刃物もサポート資源。死ぬ代わりに気絶するための強いお酒もサポート源。「いつでも死ねる」がサポート資源だというのは痛々しいですね。アンナちゃんというのはお友達です。カウンセラーや認知行動療法もサポート資源に入れてもらえました。

ところで，彼からメールの返事が来ないという出来事をきっかけに，ここまでひどい状態になってしまった薬師丸さんですが，カウンセリングのセッションに来た頃には，その状態を脱して，まあまあ落ち着いていました。「またやらかしちゃいました」とのことで，このアセスメントシートを一緒に作ったのです。そし

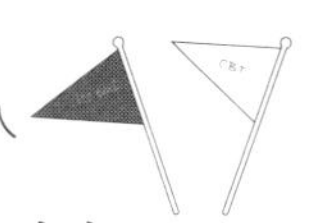

て落ち着いた状態でアセスメントシートを眺めてみたところと，薬師丸さん自身が疑問を持つようになりました。それは，「何でこの程度の出来事で，私はここまでひどい状態になってしまうのか？」という疑問でした。渦中にいれば，メールの返事が来ない，というのは大ごとなのですが，渦中にいなければ，それは「大したことではない」とわかるのです。「仕事中にすぐにメールの返事を出せないのは，大したことではなく，普通によくあることだ」と。なのにそのときは「彼に見捨てられた」が瞬時に確定してしまったのです。

ちなみにこの出来事の後も，薬師丸さんは彼と別れていません。彼は彼女を見捨てていなかったのです。にもかかわらずこのような出来事が繰り返し起きており，薬師丸さんと私は，同様のアセスメントシートを何枚も作りました。それは彼との間の別の出来事であったり，友人との出来事であったり，さまざまでしたが，パターンは同じです。自分の望むような反応が即座に相手から帰ってこないと「見捨てられた」が確定し，自傷行為など「いただけない行動」を起こしてしまう，というパターンでした。そこで生じたのが，「なぜ（冷静に振り返れば）大したことではない出来事に対して，私は『見捨てられた』と思ってしまうのだろうか？」という疑問です。そこで私は「スキーマ」についての心理教育を彼女にしました。自動思考の背景に，その人の深い思い，すなわちスキーマと呼ばれる認知があり，薬師丸さんの場合，「人は私を必ず見捨てる」「私は人に見捨てられる存在なんだ」といったスキーマがあると想定できるのではないか，と。

薬師丸さんは，私の仮説にすぐにピンときました。「あ，私，絶対にそのスキーマがあると思う。誰とつきあっても，最初から『どうせこの人は私を見捨てられるんだろう』と思っています」と言いました。「ああ，だから，彼から返事が来ないと，そこで『見捨てられた』と思っちゃうんだ！」との気づきもありました。そういうわけで，「人は私を見捨てる」というスキーマを，アセスメントシートの認知の欄に書き入れました。このスキーマを書き入れることによって，このアセスメントシートは薬師丸さんの実感にぴったりと合うものになりました。

図 4-9 は，薬師丸さんのアセスメントのまとめです。「人は私を見捨てる」というスキーマがそもそもあることによって，対人関係のちょっとしたきっかけに対してスキーマが活性化し，「見捨てられた」という自動思考が発生し，一度はふんばって相手に働きかけるものの（さきほどの彼とのエピソードでも，もう一

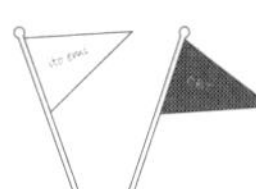

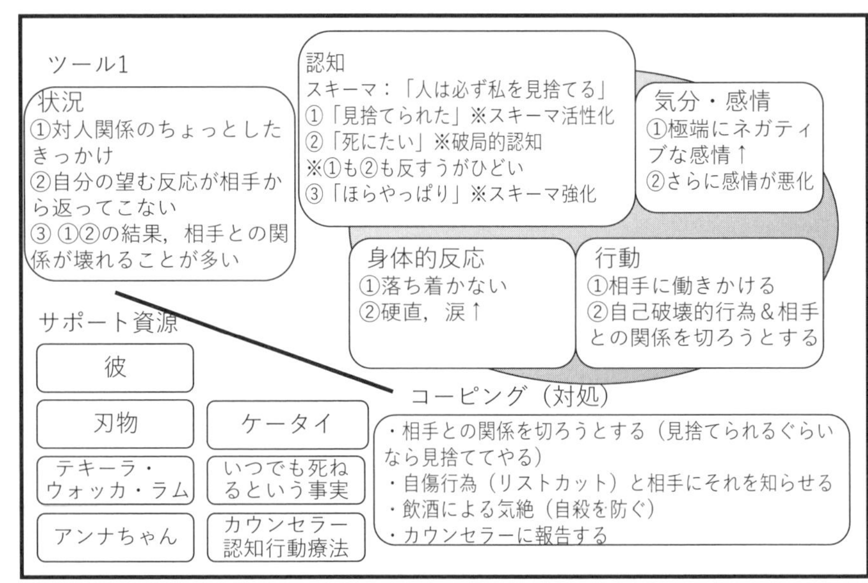

図 4-9　薬師丸さんのアセスメントのまとめ

度メールを送っていました），やはり望むような反応が返ってこなかった時点で，「見捨てられた」が確定し，「だったら死んでしまいたい」という自動思考となり，自分を傷つけたり相手との関係を切ろうとしたりする，という流れです。その間，反すうも続いています。そして相手との関係を切ろうとすることで，実際に相手との関係が壊れてしまうことがこれまでに多々あった，ということで，それを状況欄に書き入れています。そうなると「ほらやっぱり，人は私を見捨てるんだ」とスキーマが強化されてしまいます。それを認知欄に記入しました。このアセスメントのまとめは，薬師丸さんにとって，とても「腑に落ちる」ものでした。「自分が何に苦しんできたのか，どうして人との関係がいつも壊れちゃうのか，よくわかりました」と言っていました。

アセスメントのまとめができたところで，私の原稿のケースと同様，ツール2を使って，問題リストと目標リストを作成しました。それを紹介しましょう。下記が問題リストです。

目標リストの例（その3）：薬師丸さんの問題リスト

1．「見捨てられスキーマ」が根底にあり，さまざまな対人関係の場面で，容易に活性化さ

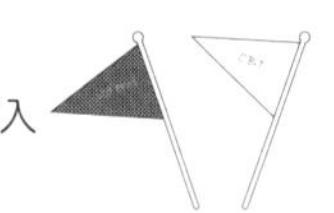

れてしまう。

2.「見捨てられスキーマ」が活性化されると，極端にネガティブな感情が生じ，それに耐えられず，やみくもに相手に働きかけるような行動を取ってしまう。

3. それに対して相手から思うような反応が返ってこないと，「死にたい」などの破局的思考が生じ，さらに感情が悪化し，自己破壊的行動や相手との関係を切ろうとする行動を取ってしまう。

4. 上記1～3の間，ネガティブな自動思考がぐるぐる反すうし，それに巻き込まれ，抜けられなくなってしまう。

5. 上記1～3の結果，相手との関係が壊れることが多く，結果的に「見捨てられスキーマ」が強化されてしまう。

これはスキーマ療法ではなくあくまでもCBTなので，「見捨てられスキーマ」それ自体を問題にするのではなく，それがさまざまな対人場面で容易に活性化されてしまう，という「今・ここ」での現象に焦点を当てた表現をします。スキーマがあること自体を問題視するのではなく，そのスキーマがさまざまな場面で頻繁に活性化すること自体を問題とするのです。そしてスキーマが活性化するとそれに伴い，感情も極端にネガティブになり，それに耐えられずに行動化してしまう。それに対して相手から思うような反応が返ってこないと，自動思考が「死にたい」などさらに破局的になり，感情もさらに悪化し，自分を傷つける行動や相手との関係を切ろうとする行動を取ってしまう。その間，ずっと自動思考がグルグルして，そこから抜けられない。そして行動化の結果，実際に相手との関係が壊れてしまうことが少なくなく，そうなると「見捨てられスキーマ」が強化されてしまう。こういったことがずっと続いているわけです。

これらの問題をツール2の左下の図を使って視覚化すると，図4-10のようになります。このように図式化すると，スキーマの活性化とネガティブな反すうが，自分自身と対人関係を損ない，結果的にスキーマが強化されることがシンプルな形で見えてきますね。そしてCBT的にはこれらに手をつけていけばよい，ということがよりシンプルに理解できます。

次のリストは，これらの問題リストや問題の図式化に基づいて作った目標リストです。

目標リストの例（その3）：薬師丸さんの目標リスト

1.「見捨てられスキーマ」が活性化されたら早めに気づき，スキーマやそれに伴う感情に

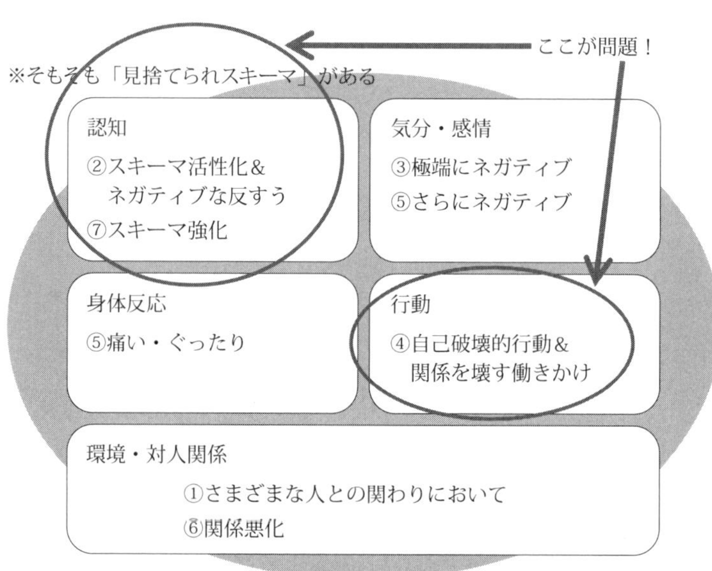

図 4-10　薬師丸さんの問題の図式化

巻き込まれず，その場その場で手放せるようになる。

2.「見捨てられスキーマ」が活性化されたことによって生じる自動思考やその反すうに早めに気づき，思考の中身を方向転換できるようになる。

3.「見捨てられスキーマ」が活性化されたときに，衝動的に相手と関わるのではなく，「本当はどうするとよいか」ということを立ち止まって考え，その考えに沿って行動できるようになる。

4.「見捨てられスキーマ」が活性化されたときに，自己破壊的行動ではなく，自分をケアする行動を取れるようになる。

5.「見捨てられスキーマ」の成り立ちを理解し，スキーマを修正する。別の対人関係スキーマを手に入れる。

まず最初に設定された目標は，「見捨てられスキーマ」それ自体ではなく，スキーマの活性化に対する気づきの部分に対するものです。スキーマそのものを軽減するということではなく，そのスキーマが「あるものだ」という前提で，スキーマが活性化されたら早めに気づいて，巻き込まれないようになる，という目標がまず設定されました。スキーマそのものを軽減するというのはなかなか大変な目標ですが，活性化に早めに気づいて手放す，というのは現実的に手を付けやすく，達成可能な目標だと言えます。技法としては，セルフモニタリングとかマインドフルネスが選択される可能性が高いです。

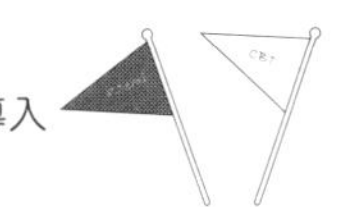

次に「見捨てられスキーマ」が活性化されたことによって生じる自動思考やその反すうに対する目標です。ここもスキーマ自体をどうこうするような目標ではなく，スキーマ活性化によって生じた「今・ここ」での認知，すなわち自動思考に早めに気づいて，思考の中身を変換するという目標です。この目標であれば，認知再構成法が選択される可能性が高いです。

３番目と４番目の目標は「見捨てられスキーマ」が活性化された際の行動に焦点を当てたものです。スキーマが活性化されたときに，それに巻き込まれて衝動的に行動するのではなく，相手に対してどのような行動を取るとよいのか，自分をケアするためにどのように行動するとよいのか，といった視点から主体的に行動を選択できるようになることを目指した目標です。

このようにここまでの４つの目標は全て，「見捨てられスキーマ」それ自体をどうこうしようとするものではなく，スキーマが活性化された状況において，自らの状態にリアルタイムに気づきを向け，これまでとは異なる認知や行動を選択できるようになりましょう，というものでした。これは，根本的な解決を最初から目指さず，まず「今・ここ」の自分の反応を工夫してみましょう，という CBT の理念そのものです。そしてスキーマに対する根本解決を目指さなくても，これらの目標が達成されると，結果的にスキーマに振り回されなくなったり，スキーマが活性化されにくくなったりすることはよくあります。場合によっては，スキーマそのものが変容することもあるでしょう。そうなれば，特に「見捨てられスキーマ」に焦点を当てた介入は必要ありませんが，一方で，これら４つの目標が達成されても，依然として「見捨てられスキーマ」が強固なままであり，スキーマそのものに焦点を当てた介入がやはり必要だ，ということになるかもしれません。これについては今，このツール２を作成している段階ではどうなるかわからないので，１から４の目標が達成されたら，その時点でまた考えましょう，とすることが多いです。薬師丸さんのケースでもそのようにしました。

薬師丸さんのケースの場合，技法としては，①アセスメントの段階ですでに取り組んでもらっていたセルフモニタリングやマインドフルネスにさらにしっかりと取り組んでもらうこと，②認知再構成法，③問題解決法の３つをがっつりと導入し，全てをきっちりと習得してもらうことになるでしょう。認知再構成法と問

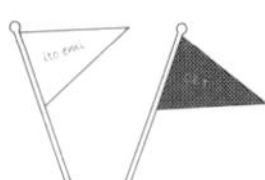

題解決法の２つは「大きな技法」なので，同時に導入することはできません。なので，この場合はホームワークも使ってセルフモニタリングとマインドフルネスに取り組んでもらいつつ，まずどちらの技法から手を付けるか，ということをクライアントと検討します。私の経験ですが，まずは認知再構成法から始めてみたい，というクライアントのほうが多いようです。ただし，認知再構成法を導入して，それを習得するまでにはそれなりの期間を要します。その間，衝動的な行動が続いてしまうのもよろしくないので，そのためのコーピングシートを応急処置的に先に作ってしまう，ということをしてもよいでしょう。あるいはストレスコーピングのレパートリーシートを作るとか。コーピングシートについてはケースフォーミュレーションや問題解決法のワークショップでご紹介しています（拙著『認知行動療法カウンセリング実践ワークショップ：CBT の効果的な始め方とケースフォーミュレーションの実際』（星和書店）を参照してください）。

認知再構成法を導入するにあたっての注意点

ここまで認知再構成法を CBT の構造，特にケースフォーミュレーションの流れのなかでどのように導入するか，ということについてお話してきました。ここで，認知再構成法を導入するにあたっての注意点についていくつかお伝えしておきましょう。

１）逆効果になる可能性がある

ひとつは，行動変容が必要なクライアントに対して，そのための技法（問題解決法，行動活性化など）を用いる前に認知再構成法を用いると，逆効果になる可能性がある，ということです。もちろん「行動変容が必要」というのは，アセスメントやケースフォーミュレーションを行ったうえでクライアントと共に判断するべきことですが，そのような手順を経て，「やはり行動変容が必要だよね」ということがクライアントと合意されたにもかかわらず，クライアントが「行動変容が必要なのはわかっているが，そのための認知が自分には整っていない。だからまずは自分の認知を行動変容に向けて整えることをしたい」といったことを希望される場合があります。そのご希望にセラピストが素直に乗っかってしまい，「だったら，まずは認知再構成法に取り組みましょうか」ということになり，延々と認知再構成法をしている間，一向に行動が変容しない，ということが起こり得ます。これがクライアントの回避のパターンをかえって持続させてしまうことがあ

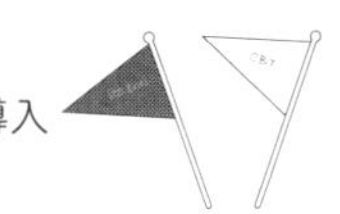

るのです。

行動変容が必要だと合意されたら，基本的には行動にフォーカスした技法を速やかに使うべきだと私は考えます。回避のパターンを持つクライアントは，行動変容が必要だと認めつつ，何しろ回避のパターンを持つものですから，行動変容も回避したくなるのは当然で，そこで「まずは認知を整えたい」といった希望が出てくるのです。したがってセラピストはその希望自体が回避なのではないかという仮説を提示し（決めつけるのはよくありません。あくまでも「仮説」です），そのうえで認知を整えるにしても，時間のかかる認知再構成法をわざわざ差し込む必要があるのか，問題解決法や行動活性化という技法のなかで認知も同時に扱うことができること，そのほうが速やかに行動変容に至ることを説明し，どうするかということを話し合えばよいと思います。これは問題解決法のワークショップで詳しく解説しますが，問題解決法では行動だけでなく，問題解決法を実施する際の認知もしっかりと扱います。認知再構成法だけが認知を扱う技法ではありません。そういうわけで，クライアントの回避のパターンを維持するために認知再構成法が使われないよう，セラピストは注意する必要があります。

ただ一方で，行動変容やエクスポージャー（曝露療法）を下支えするために，まず認知再構成法に取り組みたい，というクライアントもいます。その場合，「行動変容を促すために」「エクスポージャー（曝露療法）をしっかりと行うために」という目的意識を維持しながら，あまり時間をかけすぎずに認知再構成法を行う，ということはありだと思います。このあたりはケースバイケースでセラピストがしっかりとマネジメントする必要があるでしょう。

2）感情をどう扱うか

次の注意点は，感情の扱いについてです。認知再構成法では，対象とする場面における生々しい自動思考を扱うことが非常に重要です。「生々しい自動思考」とは，生々しい感情と分かちがたく結びついている自動思考のことです。「ホットな思考」と呼ばれることもあります。生々しい感情と分かちがたく結びついた生々しい自動思考を生き生きと扱ってこそ，認知再構成法はその効果を発揮することができます。言い換えると，感情を伴わない「頭だけの認知」「理屈だけの認知」を扱ってもあまり意味がない，ということです。感情を回避し，知的作業に終始するだけの認知再構成法では，「そう思ってはみたものの，気持ちがついていかな

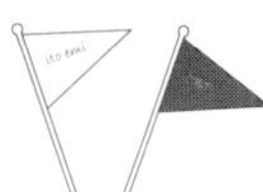

い」「理屈ではそうかもしれないが，ピンとこない」といった残念な結果で終わってしまいます。要は「単なる言い聞かせ」で終わってしまい，それでは意味がないのです。ただし生々しい自動思考や生き生きとした感情のモニタリングは，認知再構成法を開始してはじめてそれを行うのではなく，CBT の第一段階であるアセスメントの作業をしているなかで，特にセルフモニタリングの練習をするなかで，リアルタイムに認知や気分・感情に気づきを向けることができるようになっていれば，その延長線上で認知再構成法に取り組めばよいので，さほど難しいことではありません。そういう意味でも，認知再構成法や問題解決法やエクスポージャー（曝露療法）といった技法を導入する前の，アセスメントの段階でセルフモニタリングがしっかりとできるようになっている，という「お膳立て」はとても重要です。

3）練習を続けるために

他に，認知再構成法の導入にあたって留意していただきたいのは，この技法は，前にも申しましたが，「認知の歪みを修正する」ものではなく，「認知機能の柔軟性を高める」ものであるということです。このように捉えれば，この技法は誰にとっても役立つスキルであると考えることができますし，クライアントに対してもそのように提示するとよいでしょう。そしてスキルなので，とにかく練習が必要です。車の運転，楽器の演奏，料理などといったスキルと全く同じで，1回実施したから何かが大きく変わるのではなく，繰り返しの練習によって徐々に身につく，といったイメージが重要です。したがって即効性を求めず，コツコツと何度も体験し続けた結果，「あれ？　前とは何か違うぞ」という感じで後から効果を実感できるものである，ということをセラピスト側が最初からしっかりと説明することが重要です。

まあ，即効性を求めず，コツコツと継続的に練習することによって，後からじんわりと効果を実感できるものである，というのは認知再構成法に限らず，そもそも CBT 自体がそういうものですし，他の技法，たとえば問題解決法，エクスポージャー（曝露療法），行動活性化，マインドフルネス，リラクセーション，アサーション，SST などでも全く同じことです。「スモールステップ」というのは CBT の哲学のようなものですから，認知再構成法を導入する際にも，そのことを改めて確認するとよいでしょう。

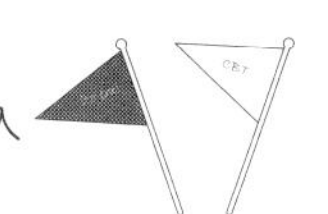

このように一つのスキルとして認知再構成法を提示するのですが，一方で，認知再構成法は，私たちが普段の生活のなかで何気なく行っている「思い直し」そのものでもあり，何も特殊で特別な技法というわけではありません。私なんかは，何か気にかかることがあるときに，考えるのが面倒になって，「まあ，いっか」で認知を切り替えることが多々ありますが，これだって立派な「思い直し」，すなわち認知再構成法でもあるのです。そしてこのレベルの思い直しであれば，皆さん，毎日，何気なくさりげなくやっていますよね。クライアントだってもちろんそうです。ですので，一方では「練習の必要なスキルだよ」と提示しつつ，一方では「でも，あなたも私も実はいつもやっていることだよね」と提示することで，親しみを持って取り組んでいただくというスタンスがいいのではないかと思います。普段何気なくやっている「思い直し」を，あえて意識的に，じっくりと，スモールステップで取り組んでみようというわけです。このような心理教育はとても大事だと思います。

4）セラピスト自身が認知再構成法を使いこなす

そして導入にあたってもう一つ重要なのは，セラピスト自身がこの認知再構成法を自分のために使いこなしているということを明確に示せるようになっておく，ということです。このあと認知再構成法の手順を具体的に紹介しますが，まともにやろうと思えば，はっきり言って結構面倒くさいんです。何時間もかかりますし。だけどやったらやったなりの，あるいは予想以上の効果が得られる。そのような技法に意欲を持って楽しく取り組んでもらうのがセラピストの仕事で，その際，セラピスト自身が，同じ技法を自分のために日々使っているということが言えるようになっている必要が絶対にあるわけです。実際に私自身，日々，認知再構成法に取り組み，助けてもらっています。自分の心身を通じてその効果を実感しているからこそ，「最初はちょっと大変だけど，それだけの意義があるよ」と伝えることができるのです。そこにクライアントが信頼を寄せてくれるという面は絶対にあると思います。

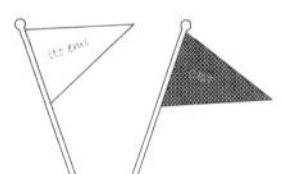

break

受講者からの感想②

ここで再度，チャットに寄せられた，皆さんからの感想を読み上げます。

感想：感情や思考を生々しくモニタリングできないと意味がないというのが驚きました。セルフモニタリングはとっても大切な基礎の力だと感じました。

感想：伊藤先生の原稿締め切りの話，大好きです。私も習い事をしているのでとても参考になりました。

感想：ケースフォーミュレーションのワークショップのときにも思いましたが，技法も大事だけれども，その前のプチ心理教育が，その技法を軌道に乗せるためにはとても大切だということを感じました。セラピストも付け焼刃のスキル紹介ではなく，技法の目的や効果についてしっかりと知っておかなければ，そのときに必要なプチ心理教育はできないと再確認しました。

感想：やる気の出ないクライアントが行動を起こすまで，認知再構成法のみならず毎週カウンセリングを受けに来る理由に改めて気づかされました。クライアントの回避に巻き込まれずに関わっていきたいと思いました。

感想：日々のちょっとした困りごとから，スキーマが影響する困難事例まで，３つの事例を提示していただき，認知再構成法の適応を検討するべきタイミングというのが何となくイメージできました。

感想：私自身はCBTのトレーニングにおいて，技法を行う前の段階，つまり問題を同定したり，目標を設定したりするところが課題なんだな，と思いました。それから，リアルタイムでモニターしながら生々しい感情を伴うのが認知再構成法なんだ，ということを知って，よい見直しになったと思いました。

感想：前回のケースフォーミュレーションのワークショップに引き続いて受講さ

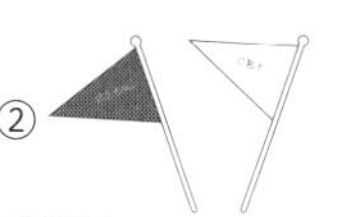

せてもらっています。前回と重複するところを繰り返し聞くことで理解が深まりましたので，クライアントさんにも何度も説明するって大事だと思います。後半の認知再構成法の具体例も楽しみです。

感想：これまで，認知行動療法は元気になるための「修行」のような感じでとらえていて，いつも燃え尽きてしまうような感じでいましたが，そうではなくて，「自分が楽になるため」「楽しく生きられるようになるため」だと思い直すことができました。午後からの講義も楽しみです。

伊藤：なるほど，認知再構成法に対する認知が早速再構成されたわけですね！皆様，コメントありがとうございました。

§5 特定場面の切り取りと検討する自動思考の選択
――ツール3

それではこれからツール3（図5-1）の使い方について具体的に解説します。認知再構成法で扱う具体的な場面を切り取って，その場面における気分・感情，自動思考，身体反応，行動を生々しく外在化するのが，このツールの主な目的です。それではまず，田中洋子さんと作成したツール3（図5-2）をご紹介しましょう。

ツール3の記入例（田中洋子さんの場合）

結局認知再構成法の第一クールのネタとしては，アセスメントでも取り上げた，「保護者から問い合わせが何度もあったが担当者につなげなかった」というエピソードを扱うことにしました。アセスメントシートでは田中さんの体験の流れ，すなわちプロセスを外在化しましたが，このツール3では認知再構成法の対象とする，ある一場面を切り取るのだ，ということを皆さんにお伝えしたいと思います。

私たちが認知再構成法の対象として扱うことにした場面は，「ある年の12月8日の13時45分に保護者からの電話を受けて担当者につなげられず保護者に怒鳴られたところ」ではありません！　そうではなく，電話を切った後で，ぐるぐるぐるぐる反すうして，どんどん落ち込んでいった場面です。田中さんの目標リストを思い出しましょう。田中さんと私がツール2の目標リストで設定したのは，「ネガティブな反すうに早い時点で気づき，別の思考を考え出して，悪循環から自分を助けられるようになる」という目標でした。その目標を達成するために認知再構成法が選択されたのです。したがって認知再構成法で対象とするネタは，何が起きたその瞬間の自動思考ではなく，その後の「ネガティブな反すう」です。

田中さんのツール3の上の部分を見てください。そこに書き込まれている「状況」は，したがって，電話の最中ではなく，電話を切った後に反すうが始まった

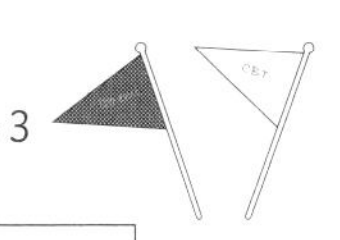

ツール３ 特定場面のアセスメント
クライアント ID:＿＿＿＿＿＿

アセスメント・シート：特定の場面における自分の体験を具体的に理解する

　　年　月　日（　曜日）　氏名：

1．具体的場面：最近，ひどくストレスを感じた出来事や状況を１つ選び，具体的に記述する

●いつ？　どこで？　誰と？　どんな状況で？　どんな出来事が？　（その他何でも・・・）

2．自分の具体的反応：1の具体的場面における自分の体験を，認知行動モデルにもとづいて理解する

気分・感情とその強度（%）

□＿＿＿＿（　%）
□＿＿＿＿（　%）
□＿＿＿＿（　%）
□＿＿＿＿（　%）

※気分・感情とは，「不安」「悲しい」「怒り」「緊張」など，端的に表現できるのが，その特徴です。

認知（考え・イメージ）とその確信度（%）：そのとき，どんなことが頭に浮かんだろうか？

□＿＿＿＿（　%）
□＿＿＿＿（　%）
□＿＿＿＿（　%）
□＿＿＿＿（　%）

※ある特定の場面において瞬間的に頭に浮かぶ考えやイメージを，【自動思考】と言います。認知療法・認知行動療法では，否定的感情と相互作用する自動思考を把握し，自動思考への対応の仕方を習得します。はじめは自動思考を把握するのが難しいかもしれませんが，過度に否定的な感情が生じたときに，「今，どんなことが頭に浮かんだのだろうか？」「たった今，自分の頭をどんなことがよぎっただろうか？」と自問することで，自動思考を容易に把握できるようになります。

行動・身体的反応

備考：

copyright 洗足ストレスコーピング・サポートオフィス

図 5-1　ツール3（再掲）

12/8（水）13時45分。自分のデスクにて。保護者（父親）からの4度目の電話。学費の問い合わせ。担当者にお願いしたにも関わらず，その場にいてくれず，担当者につなげず。とうとう保護者がブチ切れて，私に怒鳴り始めた。「ふざけんな！」「お前だって担当者だろう？」「何回電話させるんだ？」。必死に対応して謝り続け，10分で電話が切れる。そのままデスクで呆然としている。そのとき……。

落ち込み　(100%)
悲しい　(90%)
つらい　(90%)
孤独感　(80%)

「担当のA先生に，職員室にいるようにもっと強く言えばよかったのに，言わなかったからダメだな」(100%)
「いつもちょっとしたことができなくて，仕事がうまくいかないな」(100%)
「私の対応がまずかったな〜」(100%)
「一人きりだな〜。私には誰もいないな〜」(80%)

身体に力が入らない。涙が出てくる。ため息をつく。仕事が手につかない。

図 5-2　田中洋子さんと作成したツール3の一例

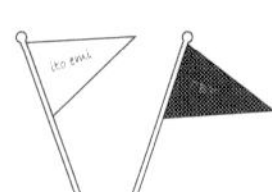

その瞬間が切り取られています。これを漫画のコマで考えてみると，状況欄で描かれるのは，電話を受けている田中さんではなく，電話を切った後，自分のデスクで呆然としている田中さんの姿です。このようにツール３ではプロセスではなく，ある一瞬の時間や状況を「コマ」として切り取って表現します。

次に，その「コマ」における「気分・感情」と「自動思考」を外在化し，それぞれの強度や確信度をパーセンテージで評価します。田中さんの気分・感情は，「落ち込み（100％）」「悲しい（90％）」「つらい（90％）」「孤独感（80％）」ということでした。自動思考としては，まず，「担当のＡ先生に，職員室にいるようにもっと強く言えばよかったのに，言わなかったからダメだな」というのが確信度100パーセントで生じています。

この一発目の自動思考から，抑うつ的なんですよね。もし私だったら，と想像してみると，その時間に職員室にいて電話を受けてくれと何度も頼んだＡ先生が，もしいてくれず，代わりに自分が保護者に怒られたとしたら，私自身が激怒すると思います。「えー!?　なんでいてくれなかったの？　何度も言ったのに！　もう許せない！　お詫びに何かおごってもらおう」といった自動思考が出てくるかもしれません。つまり「自分が悪かった」などとは絶対に思わない，ということです。客観的にこの状況を考えても，「田中さんが悪い」と思う人はあまりいないと思うんですよね。しかし田中さん自身は，「自分がダメだな」と確信度100パーセント，つまり疑いの余地もなくそう思ってしまうわけです。

そして次に生じる自動思考が「いつもちょっとしたことができなくて，仕事がうまくいかないな」「私の対応がまずかったな〜」の２つです。これらも確信度は同様に100パーセントです。どんどん自分を責める方向で自動思考が展開していくわけですね。このように何かうまくいかなかったときに，その原因を自分に帰属して自責するというのは，抑うつ症状の一つの特徴です。さらに次の自動思考は「一人きりだな〜。私には誰もいないな〜」という，孤独感を誘発するような自動思考で，これも非常にうつっぽい思考ですね。こんな風に，ツール３の上部に書き出した場面において生じた気分・感情と自動思考を全て外在化します。ストレスを受けたときって，複数の自動思考や感情がドバっと湧き上がることが多く，それらのすべてを外在化するのです。

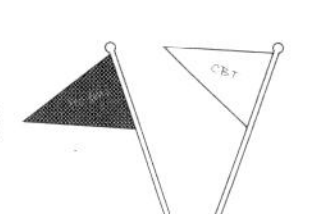

ツール3の下の部分には，そのときの身体反応や行動を外在化します。ツール3は，ストレス場面を切り取った「プチ・アセスメント」のためのツールなのですね。田中さんの場合，身体反応は「身体に力が入らない」「涙が出てくる」，行動は「ため息をつく」「仕事が手につかない」というものでした。強烈な自動思考と感情に巻き込まれて呆然としている田中さんの姿がイメージできますでしょうか。

ツール3の記入例（伊藤絵美さんの場合）

次に伊藤絵美さん，つまり私のことですが，私の作成したツール3のサンプルをいくつかご紹介します。これは先ほどの原稿の問題とは全く異なるエピソードで，もう10数年前のものです。私は，ある金曜日の午後，ある出版社で新たに出す本について編集者と打ち合わせをしました。そうしたら思いのほか打ち合わせが長引いてしまい，出版社を出たのが夜の10時ぐらいになってしまったんです。そこで「もう遅いから」ということでタクシーを呼んでもらい，タクシーで帰宅することにしました。その出版社から私の自宅まで，だいたい車で1時間ぐらいなので，私の心づもりとしては，「じゃあ11時ぐらいに帰宅できるかな。急いでお風呂に入って，ご飯食べれば，午前1時前には寝られるかな」というものでした。

翌日の土曜日は私のカウンセリング担当日で，朝から夕方まで予約がぎっしりと入っていました。土曜日は毎週本当に忙しくて，カウンセリングの予約だけでなく，スタッフの担当ケースのスーパーバイズやカンファランスなどもあり，ほとんど休憩を取ることができない状況です。また普段，私の運営するカウンセリング機関は午後から営業を始めるので，朝はさほど早く起きなくてよいのですが，土曜日だけは朝からなので，早起きしなければなりません。なので私としては，金曜日の夜は一番緊張するんです。「ちゃんと朝，起きられるかな」「そこそこ寝ておかないと明日の激務はこなせないな」「明日，一日中緊張感をもって仕事を乗り切れるかな」「明日はとにかく大変だなあ」といった思いを，毎週金曜日の夜に抱いていました。そういう背景があっての，このエピソードです。

順調にタクシーで帰宅できれば11時に到着し，上記の通り，急いで入浴して食事をすれば午前1時前には就寝できる，と心づもりしていました。そうであれ

●月●日（金）午後11時過ぎ。打合せの帰り，タクシーの中。空腹。翌土曜日は朝から一日中面接の予約がぎっしりで，できるだけ睡眠を取っておきたい。自宅近くまで来たときに，運転手が道を間違え（曲がり損ねた），はまらなくてもよい渋滞にはまる。時計を見ると，ただでさえギリギリの帰宅予定時間が，さらに30分は遅れ，入眠がかなり遅くなってしまうことに気がついた。車は徐行で，周りは工事でチカチカしている。

怒り　(90%)
イライラ　(90%)
焦り　(90%)
不安　(85%)
悲しい　(70%)
嘆き　(50%)

「こういうときに限って，何で道を間違えるのよ！」（90%）
「一刻も早く帰って，ご飯を食べないといけないのに」（90%）
「ああ，どんどん睡眠時間が減っていく。ちゃんと寝ないと，明日がうんとつらくなってしまう。どうしよう」（85%）
「あああ，何て運が悪いんだろう，やってらんないなあ」（60%）

頭にカーッと血が上る。顔が紅潮する。大げさにため息をつく。何度も時計を見る。謝る運転手に対する返答の声が，トゲトゲしてくる。

図 5-3　ツール３の記入例（伊藤絵美さん　その１）

ば５～６時間は寝ることができるので，明日は何とか持つだろうとタクシーの中で計算して，安心していたのです。ところが，何と，その帰り道で，タクシーの運転手さんが道を間違えてしまったのです！　そこである地点でUターンして引き返してもらうことにしましたが，そこでさらに運が悪いことに工事渋滞にハマってしまったのです。そういうわけで，時計を見るともうすでに 11 時をとっくに過ぎており，うまくいっても帰宅できるのが 11 時半は過ぎてしまうな～，そうなるとさきほどの私の計算（１時には寝られる）が崩れちゃうな～，ということに気づいてしまったのです。渋滞にハマっているので，タクシーはのろのろ運転で，車の周りは工事中で灯りがチカチカ点滅しています。ここまでがツール３の状況欄に外在化されました。ツール３は完全に客観的である必要はありません。その場面における主観が入り込む場合も多々あります。私のケースで言えば「ただでさえギリギリの帰宅予定時間が」とありますが，それは私にとって「ギリギリ」というだけであって，客観性はありません。5W1H で客観情報がしっかりと書いてあるなかで，主観が入るのは構いません。

そのときの私の気分・感情と自動思考は図 5-3 にある通りなのですが，ここに私の人間性が表れています（笑)。まずは「こういうときに限って，何で道を間違

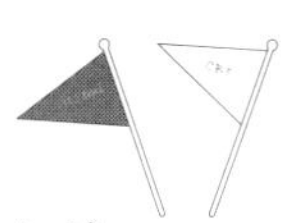

えるのよ！」という自動思考が確信度90パーセントで生じます。運転手さんが道を間違えたのは，もしかしたら私の道案内がよくなかったのかもしれないのに，私の自動思考は完全に運転手さんを責めています。そうなんです，何かあったときの私の一発目の自動思考はたいていこのように他責的なのです。そもそも「こういうときに限って」というのは完全に私の都合で，運転手さんは全く関係ないのに……。でも，自動思考ってこういうものなんです。自分の都合で，勝手にそういう思いが出てきちゃうのが，自動思考という現象の特徴です。

次の自動思考である「一刻も早く帰って，ご飯を食べないといけないのに」も，完全に自分の都合で嘆いちゃっていますね。でも客観的に考えれば，別にご飯を食べなくたっていいんですよね。次の自動思考「ああ，どんどん睡眠時間が減っていく。ちゃんと寝ないと，明日がうんとつらくなってしまう。どうしよう」も同様です。睡眠時間と明日の自分のコンディションについてめちゃめちゃ悲観的になっています。その前のご飯の自動思考とこの睡眠時間の自動思考も，ちょっと冷静になれば，睡眠時間を優先させたければご飯の時間をうんと短くするか，ゼリー飲料で置き換えるとかすればよいということがわかるのに，「ああ，ご飯！」「ああ，睡眠時間！」と自動思考が暴走して嘆いちゃっているのです。

そしてこの瞬間の最後の自動思考は，これも自分で笑っちゃうのですが，他人のせいにした後は，「運が悪い」系の思考が出てくるのです。「あああ，何て運が悪いんだろう，やってらんないなあ」というように。あくまで他人や運という自分以外の要因に原因帰属するのが，私の自動思考の特徴のようです。

これらの自動思考と同時に湧きあがった気分・感情が，「怒り（90％）」，これは道を間違えた運転手さんに対してですね。次に「イライラ（90％）」「焦り（90％）」「不安（85％）」といった気分・感情が出てきていますが，これは運転手さんに対してだけでなく，「道を間違えて帰りが遅くなる」状況や，明日の自分のコンディションに対する不安も含まれています。さらにこういう状況になっちゃったことや，「睡眠時間が減る」「運が悪い」ことへの「悲しい（70％）」「嘆き（50％）」という気分・感情も浮かんでいます。

このように，ほんのちょっとした体験でも，結構な量と数の自動思考や気分・感情が湧きあがってくるものです。ツール3では，それらを省略せず，その場面

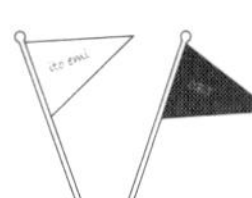

において生じた自動思考と気分・感情を全て外在化します。欄が足りなかったら付け足してください。

ツール３の一番下は，その場面の「身体反応」と「行動」を記載しますが，このときの私の身体反応としては，「頭にカーッと血が上る」「顔が紅潮する」というものでした。興奮状態です（笑）。そして行動については，これも今振り返ると「私は何てちっちゃな人間だろう」と嫌になるのですが，「大げさにため息をつく」「何度も時計を見る」「運転手さんに対してトゲトゲしく対応する」というものでした。すべて運転手さんに対するアピール行動ですね。とても感じが悪い。しかしそのときの私は確かにそういう行動を取ったので，それをありのままに外在化します。

どうでしょうか，皆さん。このツール３を見ると，この場面やこの場面における私の反応が，ありありと，生き生きとイメージできませんか？　この「ありありと，生き生きとイメージできる」というのが重要です。人間の反応は，本来，いつでもどこでも生々しいものです。もちろん解離状態でなければ，という話ですが。どんなに小さなエピソードでも，その中にその人の生々しい体験がギュッと詰まっているのです。それを極力そのまんまツール３に外在化します。

次に示す図 5-4 は，このツール３が，いかに「瞬間瞬間」「場面場面」を切り取るものであるか，ということを示すものです。まず次のツール３をご覧ください。

見ていただければすぐにわかるかと思いますが，これは一つ前に紹介したツール３の直後の場面を切り取ったものです。状況欄に，一つ前のツール３のほぼすべての情報がダイジェスト的に記載されていることを確認してください。つまり「ある金曜日の夜 11 時過ぎ，タクシーが道を間違え，ただでさえ遅い帰宅時間がさらに 30 分以上遅れることに気づく。明日は長時間の面接業務があるから６時間は寝ておきたいのにそれが無理だと気づき，どうしようと考え，イライラや焦りや怒りや悲しい気持ちでいっぱいになる。頭がカッカして落ち着きなく，何度も時計を見たり，大げさにため息をついたりする」と書いてあるのですが，これは一つ前のツール３そのものですね。こういう体験があった直後の，具体的には数秒後，数十秒後の場面が，この２枚目のツール３です。

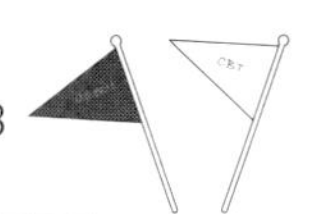

●月●日（金）。夜の11時過ぎ。タクシーが道を間違え，ただでさえ遅い帰宅時間がさらに30分以上遅れることに気づく。明日は長時間の面接業務があるから，6時間は寝ておきたいのに，それが無理だと気づき，「どうしよう」と考え，イライラや焦りや悲しい気持ちでいっぱいになる。頭がカッカして，落ち着きなく何度も時計を見たり，大げさにため息をついたりしてしまう。

ハッとする感じ（90%）
自己嫌悪・自己批判（85%）
みじめな感じ（70%）
開き直り（70%）
気が沈む感じ（70%）
しんどい・つらい（80%）

「いけない，いけない，運転手さんだってわざと間違えたわけじゃないのに，何て私は嫌な態度を取っているんだろう」（90%）
「この程度のことで，こんなに焦ったりイライラしたりするなんて，こんな自分は馬鹿みたいだ」（85%）
「でも金曜日の夜に睡眠が減るのはとても嫌なんだもん！」（75%）
「毎週金曜日に，こんなにも睡眠にこだわらないといけないなんて，しんどいなあ，つらいなあ」（75%）

ため息をつくのをやめて，背もたれによりかかり，目を閉じて，腹式呼吸をする。明日のスケジュールや予約リストを頭の中で確認する。

図5-4　ツール3の記入例（伊藤絵美さん……その2）

私たちの体験って，何か一つのことが延々と続くのではなく，むしろ数秒，数十秒単位で刻一刻と変化していきます。アセスメントシートでは，その変化を含めて体験のプロセスを一枚（場合によっては複数）のツールに外在化しますが，認知再構成法ではプロセスではなく瞬間的な場面を切り取るので，一枚のツールには一つの瞬間のみ切り取って外在化します。そして数秒後，数十秒後の次の瞬間の体験は「別のもの」として，別のツール3に外在化するのです。

では私の「タクシー事件」の2枚目のツール3（図5-4）を見てみましょう。すでに述べたように上の状況欄には一つ前のツール3の内容がそっくりそのまま書いてあります。そしてその状況に対して，次に私がどのように反応したかというと，自分が非常に感じの悪い態度を取っていることに気づいてハッとするところから始まります。「いけない，いけない，運転手さんだってわざと間違えたわけじゃないのに，何て私は嫌な態度を取っているんだろう」という自動思考（確信度90%）が生じ，「この程度のことで，こんなに焦ったりイライラしたりするなんて，こんな自分は馬鹿みたいだ」（確信度85%）と思い，とはいえ，「でも金曜日の夜に睡眠が減るのはとても嫌なんだもん！」（確信度75%）という自動思考

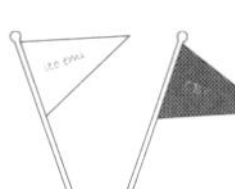

も生じ，挙句の果てに，「毎週金曜日に，こんなにも睡眠にこだわらないといけないなんて，しんどいなあ，つらいなあ」（確信度 75%）と嘆き始めました。本当は別にこだわらなくてもよいのですが，このときはこう思っちゃったんですね。

こんなふうにこの場面でも，今思えばおかしな自動思考が次から次へと出てくるので，それと同時に，さまざまな気分･感情を溢れ出てきます。すなわち，「ハッとする感じ（90%）」，「自己嫌悪･自己批判（85%）」，「みじめな感じ（70%）」，「開き直り（70%）」，「気が沈む感じ（70%）」，「しんどい・つらい（80%）」といったものです。自分のことなのであえて言いますが，この程度の「しょぼい体験」においても，解像度を上げてみれば，これだけの多様な気分や感情が生じているわけです。小さな体験のなかにも，というより小さな体験のなかにこそ，こういうふうにいろいろな自動思考やいろいろな気分・感情がギューッと詰まっている，ということに気づいていく，というのも，このツール３の重要な目的です。

この場面の行動としては，自分の感じの悪い行動に気づいた後ですので，ため息をつくのをやめ，タクシーの背もたれによりかかり，目を閉じて腹式呼吸をしました。自分を落ち着かせるためのコーピングですね。そして目を閉じたまま，明日土曜日の一日のスケジュールやカウンセリングの予約リストを頭の中で確認しました。

こんなふうに私たちの体験というのは刻一刻と移り変わっていくわけです。その移り変わりをツール３に載せるのではなく，移り変わりにおける一つの場面だけを切り取って一つのツールに外在化する，次の場面を扱いたければそれはまた次のツールに外在化する，ということについておわかりいただけたでしょうか。

もう少し，ツール３（図 5-5）を紹介します。これも伊藤絵美さん（私）のしょぼいケースです。

ある日曜日の夜のことでした。「もう寝ましょう」ということで 23 時 30 分にベッドに入って，電気を消して，目を閉じたときに「そういえば明日は朝の９時から歯医者の予約が入っているんだ」という自動思考が不意に生じました。もちろんこれ自体が自動思考なので，ツール３の自動思考の欄に記入してもよいのですが，このケースの場合，「そういえば明日は朝の９時から歯医者の予約が入って

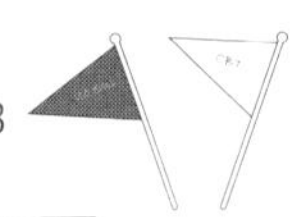

●月●日（日）23時30分。寝るためにベッドに入る。電気を消して目を閉じる。そのとき不意に「明日は9時から歯医者の予約が入っているんだ！」という自動思考が生じた。

憂うつ（99%）
恐怖　（95%）
不安　（80%）
そそのかし　（50%）
希望　（50%）

「またあそこで削られて痛い思いをするのか～。嫌だなあ～。でも行かないわけにはいかないしなあ～」（95%）
●●歯科の診察台で、痛みに耐えている自分の姿がイメージされる。（100%）
「もう行くの止めちゃおうかなあ。痛くない治療法が発明されてから、歯医者に行けばいいんじゃない？」（75%）

せっかく来ていた睡魔が去っていく。少々息苦しくなってくる。歯医者のあの「キーン」という音が聞こえてくるような気がする。しかしそのまま目を閉じているうちに寝てしまった。

図 5-5　ツール３の記入例（伊藤絵美さん……その３）

いるんだ」という自動思考が引き金となって，その後，次から次へと自動思考と気分・感情が湧いてきたので，このきっかけとなった自動思考は状況欄に外在化することにしました。

そこで生じた自動思考は，まず「またあそこで削られて痛い思いをするのか～。嫌だなあ～。でも行かないわけにはいかないしなあ～」（95％）というものでした。次に浮かんだのは言語的な思考ではなく，イメージです。具体的には「●●歯科の診察台で，痛みに耐えている自分の姿がイメージされる」というものでした。この場合は自動思考の確信度というより，そのイメージの確信度や鮮明度に数字をつけますが，私にとってこのイメージは揺るぎのないものでしたので「100％」と数字をつけました。このように自動思考には，言語による思考のほかに，視覚的あるいは聴覚的なイメージも含まれることを覚えておいてください。この場面では，さらに「もう行くの止めちゃおうかなあ。痛くない治療法が発明されてから，歯医者に行けばいいんじゃない？」（75％）という自動思考も生じました。

それらの自動思考に伴って生じた気分・感情は，まず「憂うつ（99％）」，「恐怖（95％）」，「不安（80％）」といったものでした。これらは最初の２つの自動思考

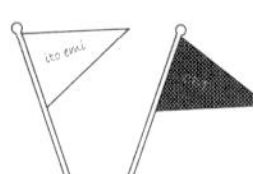

（「痛いの嫌だなあ」／診察台のイメージ）と関連するものです。その後に生じた「そそのかし（50%）」，「希望（50%）」という気分・感情は，さほどネガティブな感情ではないですね。というか，「希望」なんていうのは，ポジティブな感情と言えます。これら２つの気分・感情は，３つ目の自動思考「もう行くの止めちゃおうかなあ。痛くない治療法が発明されてから，歯医者に行けばいいんじゃない？」に伴うものです。歯医者に行くのが嫌だから，痛くない治療法が発明される未来に希望を託したのです（笑）。だからそれに伴う気分･感情もネガティブではなくニュートラルだったりポジティブだったりするのです。

この「歯医者に行く前の晩の場面」というツール３で私が何を示したいかと言うと，一つはすでに述べた通り自動思考にはイメージも含まれるということです。クライアントによっては「自分の自動思考は言葉ではない気がする」と言う場合があります。そもそも自動思考が本当に言語なのか？という問いを立てると，「絶対に言語です」とも言い切れない部分もあります。CBT では便宜上，自動思考を言語とみなし，言語化することを試みますが，実際にそこのところはよくわかっていない面もあるのです。だからクライアントがご自身の自動思考が言語ではないと主張するのであれば，「いや，言語だ」「言語じゃない」という押し問答をする必要はなく，「ああ，そうなんですね。だったらあなたは自動思考を言語ではなく，イメージとして体験しているかもしれませんね。そういう人もなかにはいらっしゃいます。イメージだとしたら，どんなイメージっぽいですか？　教えてください」と返せばよいかと思います。実際，言語じゃないという人に，だったらイメージで報告してくださいとお願いすると，ほとんどの人が「こういうイメージのような気がする」という感じで，イメージの報告をしてくれます。そのイメージをツール３に言語化すればよいのです。

この「歯医者に行く前の晩の場面」というツール３でもう一つ私がお伝えしたいことは，人間の体験というのは一面的ではなく，多様で複雑だということです。ある一つの体験が，100％ポジティブ，あるいは 100％ネガティブということはあまりなく，この場面のように，歯医者に行くのは嫌だな～というネガティブな思いと，痛くない治療法が開発されたらな～というポジティブな思いがまぜこぜになっている，ということは，よくあることだと思います。「期待と不安が入り混じる」なんて表現はよく使われますよね。ですから，その場面を認知再構成法で扱うのであれば，そこからネガティブな現象だけをピックアップするのではな

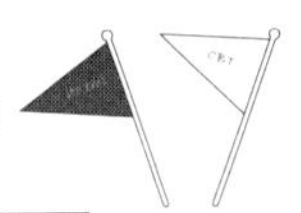

●月●日（月）9時から歯医者で治療を受けた。例によってとても痛かった。「痛ければ左手を挙げて」と先生はいつも言うのだが，手を挙げるタイミングがわからず，結局かなりの痛みをこらえたまま，今日のぶんの治療が終わった。支払いと次回の予約を済ませ，歯医者を出て，駅までの道を歩いている。

気分・感情	自動思考
つらい（80%） 憂うつ（98%） 安堵（70%） 嫌気（80%） 逃げたい気分（75%） 疑問（80%） 恐怖（90%）	「あーあ，やっぱり今日も痛かった。もう歯医者なんて二度と行きたくない」（90%） 「あー，でもとりあえず今日の分が終わってよかった」（70%） 「あと何回通えばいいんだろう。やめたいなあ。嫌だなあ。何とかして逃れる手はないものか」（90%） 「そもそも，一体いつ手を挙げればいいのよ？ 挙げたはずみで先生の手元が狂ったら大変なことになるじゃん」（75%） 先生の手元が狂って口内が血まみれになるイメージ（90%）

治療の名残のような痛みを口の中に感じる。
ボーッとしながら，駅までの道のりを歩き続ける。

図5-6　ツール3の記入例（伊藤絵美さん……その4）

く，ネガティブなものもポジティブなものもニュートラルなものも全て，ツール3にきっちりと外在化します。その場面におけるその人の生々しい体験をそっくりそのままツール3に外在化することそれ自体が重要なのです。

「歯医者に行くシリーズ」であれば，ツール3を何十枚も書けそうです。さきほどのツール3は前日の夜のことでしたが，当日の朝起きた瞬間に「今日歯医者だ。嫌だな～」となり，歯医者に向かって歩いているときも「嫌だな～」となり，●●歯科の待合室で待っているときも「嫌だな～」となり，「伊藤さん」と呼ばれて診察室に入っていく瞬間も「嫌だな～」となり，診察台で仰向けになって待っているときも「嫌だな～」となり，あのキーンという機械が放つ嫌な音を耳にすると「嫌だな～」となり……というふうに，治療が始まる前にも，治療を受けている間にも，治療を受けた後にも，さまざまな反応がさまざまに生じるので，それをその場面ごとにツール3に記入することができます。ここではそれらは割愛して，治療を受けた後のツール3（図5-6）をさらに一枚ご紹介しましょう。

この●●歯科の●●先生は，とても腕のよい歯科医であると評判の先生です。ところが治療がとても痛いのです。そしてなかなか麻酔をしてくれません。だか

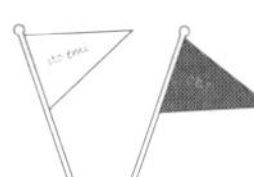

らたいていいつも痛みをこらえながら治療を受けることになります。前の晩にすでに「嫌だな～」となったのは，●●歯科がそういうところだからです。この日もそうでした。●●先生は治療の前に「痛かったら麻酔するから手を挙げてね」とは言うのですが，この日も手を挙げるタイミングを逸してしまい，かなりの痛みをこらえながら治療を受けたのでした。治療後，受け付けでその日の治療費を支払い，次の予約を取って，この後仕事なので，最寄りの駅までの道をとぼとぼと歩いています。それがこのツール３の「状況」です。

そのときにまず生じた自動思考は,「あーあ，やっぱり今日も痛かった。もう歯医者なんて二度と行きたくない」（90％）というのと,「あー，でもとりあえず今日の分が終わってよかった」（70％）というのでした。「痛くて嫌だな」というのと「終わってホッとした」という両方の思いが混ざっていますね。次に先のことを思って憂います。すなわち「あと何回通えばいいんだろう。やめたいなあ。嫌だなあ。何とかして逃れる手はないものか」（90％）という自動思考です。回避行動につながりそうな思考ですね。さらに，これは●●歯科に行くといつもそうなのですが,「痛ければ手を挙げて」と言われるものの，いつどうやって手を挙げたらよいのか，いつも戸惑うのですが，それに関する自動思考が生じます。それは「そもそも，一体いつ手を挙げればいいのよ？　挙げたはずみで先生の手元が狂ったら大変なことになるじゃん」（75％）というものです。結局私が痛くても手を挙げられないのは，私が手を挙げるという動作を起こしたはずみで，先生の手元が狂って，口の中がとんでもないことになるのではないか，という恐れがあるからです。というわけで，ここでもイメージが生じます。すなわち「先生の手元が狂って口内が血まみれになるイメージ」（90％）です。これがあるから手を挙げられないんだなあ，とこのツール３を作ってみて改めて確認できました。

これらの自動思考と同時に生じた気分・感情はたくさんあって，「つらい（80％）」，「憂うつ（98％）」，「安堵（70％）」，「嫌気（80％）」，「逃げたい気分（75％）」,「疑問（80％）」,「恐怖（90％）」といったものでした。たかだか「歯医者で痛い治療を受けた帰り道」というちょっとした場面であっても，ここまで多種多様な，ネガティブとポジティブが入り混じった気分・感情がパーッと湧き上がるわけです。人間の体験というのは，こんなふうに，一瞬一瞬がとても複雑で生々しいんです。繰り返しになりますが，その複雑な体験を複雑なまま外在化することが，このツール３の作業ですることです。

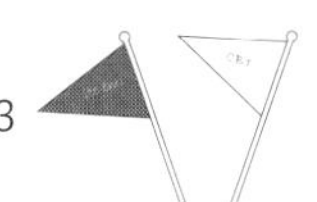

ツール3の記入例（Aさんの場合）

最後にもう一枚，別の事例のツール3，図5-7をご紹介します。これは拙著『事例で学ぶ認知行動療法』（誠信書房）で大うつ病性障害に対する認知行動療法の事例として紹介しておりますので，詳細についてはそちらをご参照ください。この事例のクライアントを仮に「Aさん」としましょう。Aさんは，この当時，うつ病の診断で会社を休職中でしたが，彼女はずっとピアノを習っており，ピアノの先生にはうつ病や休職のことを伝えておらず，休職中にもレッスンを続けていました。しかしまさにそのうつ病のせいで，練習が思うようにできておらず，そのことを知らないピアノの先生に，お小言を言われてしまいました。このツール3は，お小言を言われた場面ではなく，ピアノのレッスンの帰りの電車で，先生のお小言について思い出してしまったときのAさんの反応が外在化されています。「何かがあった，その最中」ではなく「何かがあった，その後」に，その「何か」について反すうしてしまう，という流れは，すでに紹介した専門学校の事務職員の「田中洋子さん」の事例と同じですね。うつ病の方は，こういう「事後の反すう」のパターンを持っている方が本当に多いです。

そういうわけでAさんはピアノのレッスンの帰りの電車で，鬱々としてきます。自動思考としては，「自分のせいで先生を怒らせちゃった」（90%），「仕事ばかりかピアノまで自分はまともにできないんだ」（80%），「やっぱり私はダメなんだ」（80%），「このままじゃ本当に発表会に間に合わなくなる」（80%）といったものが生じました。いかにも自責的で悲観的な抑うつ的な自動思考たちですね。同時に湧きあがった気分・感情は，まさにこれらの自動思考と呼応しており，具体的には「落ち込み（90%）」，「悲しい（90%）」，「不安（60%）」，「あせり（40%）」といったものでした。身体反応と行動は図に書いてある通りですが，要約すると，電車の中で涙をこらえて何もせず立っていた，というものでした。

ツール3を作成するうえでのコツや注意点

このようにツール3の記入例をいくつか紹介してきましたが，皆さんもぜひ，ご自身の体験をツール3に記載する練習を何度もしてみてください。実際に書いてみることによって徐々にコツをつかめてくると思いますので。では，ツール3

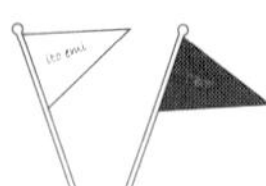

先週の土曜日のピアノのレッスンにて。調子があまりよくなくて練習ができていなかった。（先生にはうつ病や休職のことは伝えていない。）レッスン中に私がつっかえながら課題曲を弾いていたら，先生に「もういいです。忙しいのは分かるけど，発表会もあるんだし，今から練習を進めておかないと，間に合わなくなっちゃうわよ」と言われた。帰り道，電車の中でつり革につかまりながら，先生に言われたことを思い出していた。

落ち込み（90%）
悲しい（90%）
不安（60%）
あせり（40%）

「自分のせいで先生を怒らせちゃった」（90%）
「仕事ばかりかピアノまで自分はまともにできないんだ」（80%）
「やっぱり私はダメなんだ」（80%）
「このままじゃ本当に発表会に間に合わなくなる」（80%）

涙がふっと出そうになったが，電車の中なのでこらえていた。持っている本を読もうとしたが，自動思考がグルグル反すうして本はまともに読めなかった。脱力感もあり，座り込みたかったが，結局座れず，ずっと立っていたので，さらにぐったりしてしまった。

図 5-7　ツール３の記入例（Aさん）※『事例で学ぶ認知行動療法』（誠信書房）より

を作成するにあたっての注意点を，これまで語ったことと重なる点もあるかと思いますが，あらためていくつかにまとめてみましょう。

1）その場で生じた反応をモニターし切り取る

1つめの注意点は，もうすでに述べてきましたが，何はともあれ「その場で生じた生々しい反応をしっかりとモニターし，切り取る」ということです。生々しく臨場感のあるツール３を作りたいものです。ツール３が生々しく臨場感があればあるほど，実感のこもった認知再構成法が実践でき，新たに生み出す代替思考も「あ〜，そうだよな。こう思ってみればいいんだよな」と実感が持てるようになるというものです。

2）臨場感

臨場感という意味では，それが次の注意点になりますが，それは「自動思考をお行儀よく加工することなく，そのまま外在化する」というものです。自動思考は頭をよぎる瞬間的な思いやイメージのことでしたね。それをそのまんま，出てきたまんま外在化することが重要です。お行儀よく加工したりは絶対にしないでください。それはたとえば，生々しい自動思考としては「やってらんね〜よ！」

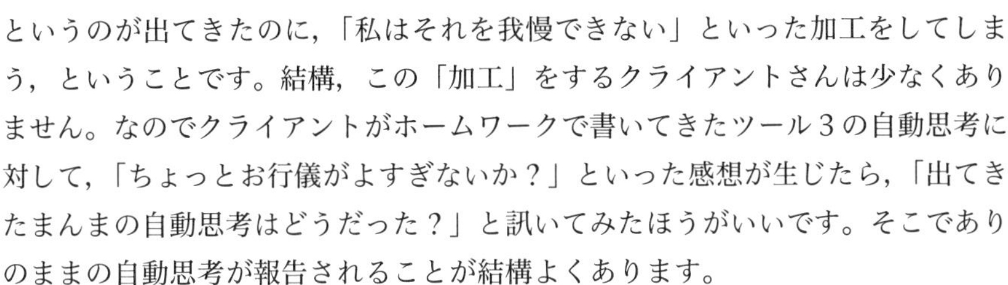

というのが出てきたのに，「私はそれを我慢できない」といった加工をしてしまう，ということです。結構，この「加工」をするクライアントさんは少なくありません。なのでクライアントがホームワークで書いてきたツール3の自動思考に対して，「ちょっとお行儀がよすぎないか？」といった感想が生じたら，「出てきたまんまの自動思考はどうだった？」と訊いてみたほうがいいです。そこでありのままの自動思考が報告されることが結構よくあります。

3）自動思考における一人称代名詞

自動思考において一人称代名詞がどういう形で出てきているか，というのも興味深いポイントです。女性の場合は「わたし」「あたし」といった代名詞が多いかもしれませんが，それ以外の場合もあるかもしれません。男性の場合だと，「わたし」「僕」「俺」「おいら」など，さらにバリエーションがあるかもしれません。幼少期からいわゆる標準語を使っている人であれば，自動思考も標準語であることがほとんどでしょうが，出身地や育った土地の言葉が標準語とは異なる場合，自動思考はその土地の言葉（いわゆる方言）であることも多くあります。たとえばうちのスタッフに京都出身の人がいて，彼女は私たちと話をするときはいわゆる標準語ですが，自動思考については完全に京都弁なんだそうです。標準語と地方の言葉が混ざっている場合もあるでしょう。あとはバイリンガルの方とか，帰国子女の方だと，それこそ日本語だけでなく，外国語が自動思考として出てくることも珍しくありません。セラピストはそういったことも念頭において，クライアントのなかに生じる自動思考を，生々しく，ありのままに捉えていくよう，クライアントを手助けしましょう。

4）自動思考にカギカッコをつける

自動思考が必ずしも「真実そのもの」ではなく「単なる思考」にすぎない，ということを視覚的に示すためには，ツール3に記載した自動思考にカギカッコ（「　」）をつける，というのも有用です。たとえばAさんの「仕事ばかりかピアノまで自分はまともにできないんだ」という自動思考は，「この世の真実」ではありませんよね。この自動思考は，「Aさんが本当に人として仕事もピアノもまともにできない人である」ということを全く示していません。そういう可能性がゼロではありませんが，客観的にはAさんがそういう人である，という証拠はありません。客観的な事実を示すとするならば，「Aさんがうつ病に罹患しており，そのせいで仕事やピアノが思うようにいかない」ということになるでしょう。にもかかわらず，Aさんの自動思考は「仕事ばかりかピアノまで自分はまともにできないんだ」と言ってくるのです。そう「言ってくる」のです。つまり自動思考は脳内のセリフのようなものです。セリフですから，それを表記するときにカギカッコをつけます。カギカッコをつけることで，それは客観的な真実とは別の文脈の，脳のなかに発生するセリフであることを視覚的に示すことができます。こういったことも心理教育しながら，クライアントがツール3を書く際にも，セリフの形の自動思考にはカギカッコをつけるよう促し続けましょう。そのうち，クライアント自身が,「そっか。自動思考は頭の中のセリフにすぎないのだから，カギカッコをつけるんだった！」と自然に思い，自然にカギカッコをつけてくれるようになります。そしてそう思えるようになれば，自動思考にそれこそ「自動的に」持っていかれることが少なくなります。

5）視覚的／聴覚的なイメージ

それからこれもすでに指摘していますが，視覚的なイメージや聴覚的なイメージも自動思考であることを押さえておきましょう。言語的な思考だけでなく，イメージも自動思考であることをクライアントに対して明確に心理教育し，イメージも同時に報告してもらうようにしてください。クライアントによっては，言語的思考より視覚的イメージが優位の方がいらっしゃり，イメージも自動思考なんだと伝わった瞬間から，イメージ的な自動思考を次々と報告してくれるようになることが少なくありません。イメージの場合は，それはセリフではないので，表記する際はカギカッコをつけずに，どういうイメージであるか，ということを言語的に表現します。私の歯医者のケースであれば，「●●歯科の診察台で，痛みに耐えている自分の姿がイメージされる」とか，「先生の手元が狂って口内が血まみれになるイメージ」といった表現です。その場合の確信度は「イメージの強度」「イメージの鮮明度」「そのイメージがどの程度現実に起こりうるか」といったあたりから数字をつけるとよいでしょう。

6）気分・感情も言語化する

あと，自動思考だけでなく，気分・感情についても，クライアントさんにとってぴったりとくる実感のこもった言葉で表現しましょう。特に気分･感情に対するモニタリングに慣れていなかったり，苦手だったりするクライアントは，どうしても大雑把な表現になりがちなので（「いい気分」「嫌な気分」など），認知行動療法のテキストによく掲載されている感情リストなどを参照しながら，「もう少し具

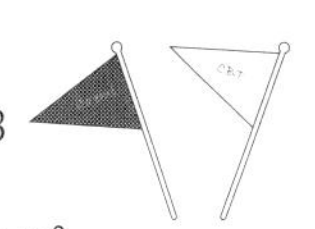

体的に言うと，どんな気分・感情でしょうか？」「このリストのなかで，よりぴったりとくる表現がありますか？」などと問いかけながら，より具体的でリアルな表現を探してみるといいでしょう。あるいはリストにない表現であっても，クライアントにぴったりとくるのであれば，どんな表現でも構いません。たとえば，「そそのかす気分」とか「ちょっとみじめな感じ」とか「ハッとする感じ」とか「泣き出したい気分」とか「木に登りたくなるような気分」とか「バンザイしたい気持ち」とか，その人の気分・感情にピタッとくる表現であれば何でも構いません。

７）一つのコマを外在化

それからこれもすでに述べましたが，アセスメントのための「ツール１」では出来事の流れ，プロセスを外在化します。一つの出来事（エピソード）のストーリーをプロセスとして見ていくのですが，「ツール３」は，流れではなくコマです。流れのなかの「ここだ！」という一コマを切り取って，外在化します。まさに漫画における一つのコマです。ツール１とツール３のこのような違いに留意しましょう。

８）数字の付け方

ツール３の注意点の最後は，気分・感情の強度や自動思考の確信度に対する数字の付け方です。ツール３の「気分・感情」欄と「自動思考」欄のパーセンテージを書き入れる欄をざっと眺めると，４つの気分・感情や，４つの自動思考を「足して100％」になるよう数字をつけるのかな，と解釈する人がときどきおられますが，違います。一つひとつの「気分・感情」と一つひとつの「自動思考」をそれぞれ，「０％から100％」で評定し，数字をつけるようにしてください。また数字をつけるときは，「０か100」という極端な数字ばかりでなく（そういうクライアントがときおりおられます），「40％」とか「75％」とか，きめ細かくモニターしきめ細かく数字をつけるよう，サポートしてください。それがさらにきめ細かいセルフモニタリングにつながっていきます。

今日ここでツール３を作成するワークはしませんが，ぜひ皆さん，ご自身の生活の中で，ご自身の抱えている課題に関わるエピソードが起きたとき，あるいは強烈なストレスを感じる場面に遭遇したときなどに，ぜひこのツール３を作ってみてください。何枚も継続して作っていくうちに，コツがつかめてくると思いますので，とにかくまずは実践してみてください。

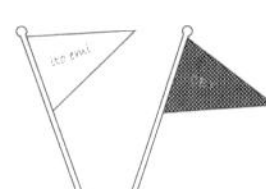

§6 「検討する自動思考」の選択の仕方
――ツール3

自動思考を一つだけ選択する

ツール３で行う最後の作業は，ツール４で検討する自動思考を一つだけ選択する，というものです。これから，どのような観点から検討する自動思考を一つに絞るか，具体的に解説します。

まず重要なのは自動思考の「機能」です。どうしても皆さん，自動思考の「内容」を重視し，よりネガティブで極端な内容の自動思考を選択しようとしがちなのですが，そしてもちろんその観点は決して間違ってはいないのですが，やはり最初に着目してもらいたいのは，その自動思考の機能なんです。認知再構成法において機能をより重視する傾向があるということは，今日，ずっと私が強調し続けていることでもありますね。

一つわかりやすい例を挙げます。これは以前に認知再構成法の集合研修をしていたときに遭遇したケースですが，ある参加者がご自身の体験に基づいてツール３を作成しました。扱ったのは，「自宅でゴキブリに遭遇して，ものすごく嫌だし怖かった」という体験です。ツール３の上部には，ゴキブリとの遭遇場面が具体的に記載されています。そしてそのときの気分・感情と自動思考が複数記載されていましたが，その参加者が選択した自動思考は「きゃー！　ゴキブリ，嫌だ～！　怖い！」という自動思考でした。確かにこの自動思考によるストレスレベルは高いかもしれませんが，この自動思考によって，この方はその後必死でゴキブリ退治ができたわけです。私はその方に尋ねました。「ゴキブリ，嫌だ，怖い」というのは非常に共感できる自動思考ですが，あなたはゴキブリに対する「嫌だ，怖い」という思いは非機能的だと思いますか？，今後ゴキブリに遭遇したとき「嫌だ，怖い」と思わなくなりたいですか？，むしろゴキブリに遭遇したときに「あ

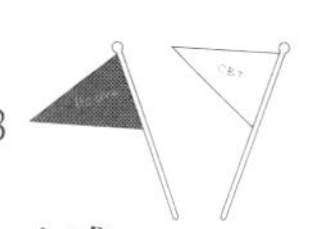

ら，なんて可愛い虫なのかしら。コオロギにも似ているし」などと微笑ましく感じられるようになりたいと思いますか？，と。すると彼（男性の参加者でした）は笑って，「いやあ，別にゴキブリを好きになりたいとは思いません」と答えてくれました。そういうわけで，ゴキブリ遭遇の場面は，さきほども言いました通りストレスレベルは高いのですが，「きゃー！　ゴキブリ，嫌だ～！　怖い！」という自動思考はある意味，誰にでも生じうる「普通の」自動思考ですし，その自動思考によってゴキブリ退治という機能的な行動が取れたわけですし，さらにご本人がゴキブリを好きになりたいわけではない，ということがわかったので，別の体験を使ってツール３を新たに作り直してもらいました。自動思考の機能に注目するとは，こういうことです。

あと，このケースでも重要なのは，ご本人が「その自動思考をどうにかしたい」と強く願っているかどうか，という「ご本人のニーズ」です。上記のゴキブリのケースでも，ご本人が「自分はゴキブリを嫌いたくない。むしろ好きになりたい。少なくとも怖いとは思わないようになりたい」という強く願うのであれば，「きゃー！　ゴキブリ，嫌だ～！　怖い！」というのはご本人にとっては非機能的な認知ということになりますので，この自動思考を選択して，ツール４に進んでもよいと思います。つまり機能的・非機能的というのは，程度の問題でもあるし，その人の主観的な問題でもあるのです。

次に，これもすでにお伝えしましたが，選択する自動思考はネガティブな内容のものに限定する必要はありません。たとえば双極性障害のクライアントと認知再構成法に取り組むとき，特にテンションが上がりかけたとき，あるいは上がってしまったときの場面を対象に認知再構成法を行う場合は，内容的にはかなりポジティブな自動思考を扱うことがほとんどです。それはたとえば，「とことんやってやる！」「私は何でもできる！」「完璧にやろうじゃないか！」といったものです。ある意味めちゃめちゃポジティブですよね。しかし，このポジティブで勢いのある自動思考にそのまま乗っかって巻き込まれることによって，テンションがめちゃめちゃ上がり，それが過活動につながっていく躁状態のパターンがあるわけです。だからこそ，テンションを病的に上げてしまうようなポジティブな自動思考を対象にして，テンションや行動をクールダウンするような方向で，認知再構成法を行うのです。結局ここでも自動思考の内容ではなく機能を重視するということになります。

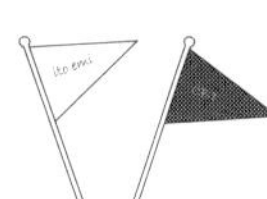

認知再構成法は，もともとベックのうつ病の認知療法で構築された技法なので，元来は，うつ病におけるネガティブな気分・感情，具体的には抑うつ症状に特有の抑うつ気分や落ち込みや悲哀感や絶望感といった気分・感情と結びつきの強い自動思考を選択する，というのがセオリーでした。もちろんこのセオリーは今でも生きていて，ネガティブで苦痛をもたらす気分・感情と，より強く結びついていると思われる自動思考を選択する，ということはよくあります。

一方で，これは特に私自身は性犯罪の再犯防止のセッションで扱うことが多いのですが，気分・感情ではなく，「いただけない行動」「事件につながる行動」を惹起させるような自動思考を，認知再構成法の対象とすることもあります。よく取り扱う自動思考としては，「やっぱりやめられない」「今しかない」「これが最後だ」というのがあります。たとえば盗撮や痴漢をアディクション的にしてしまう人は，その行動（盗撮，痴漢）をする際，葛藤する場合が少なくありません。その行動を「やりたい」と思いつつ，「やっちゃだめだ」「つかまりたくない」とも同時に思って，葛藤するのです。葛藤している間，その人は事件につながる行動は取りません。むしろ手足は止まっています。では，どういう自動思考が行動の引き金を引くのか。それがさきほど挙げた「やっぱりやめられない」「今しかない」「これが最後だ」という自動思考です。これらの自動思考に乗っかることにより，「やめられないからやるしかない」「今しかないのだから，今やるしかない」「最後の行動を起こすしかない」という感じになって，手足がよろしくない行動に向けて動き始めるのです。そういうわけで，このような場合は気分・感情よりも，いただけない行動に直結する自動思考を扱うことになります。

非機能的認知リスト

自動思考を扱ったり選択したりする際に，次に示す「非機能的認知リスト」（表6-1）を活用することもできます。

これは古典的な認知療法のテキストによく出てくるリストで，もともとはうつ病の患者さんによく見られる認知のパターンを示しています。簡単に解説しましょう。「①全か無か思考（白黒思考，オールオアナッシング）」とは，極端な二分割思考のことです。「②破局視（否定的予言）」とは，結果や未来を極端にネガテ

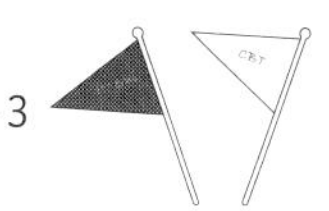

表6-1　非機能的認知パターンのリスト

人にはその人なりの認知パターンがあります。極端な認知パターンをもつ人の場合，それに応じて，気分や行動や身体が極端に反応することが多くなります。つらい気持ちなったときの自分の自動思考が，以下のパターンのどれに当てはまるか，検討してみると良いでしょう。 ※1つの自動思考が，複数のパターンに当てはまる場合もあります。	
①全か無か思考（黒白思考，オール・オア・ナッシング思考）	
中間的な曖昧な状況に耐えられず，物事をすべて「全か無か」「0か100か」「白か黒か」という両極端な見方で受け止めてしまう考え方。	例:「少しでもミスをしたら,私は失敗者だということだ」「○○について意見が合わないのだから，私たちは敵だ」
②破局視（否定的予言）	
さまざまな可能性を検討せず，否定的，悲劇的で最悪の結末を予測してしまう。そのように予測することで，本当にその予測が実現されてしまうこともある。	例：「こんなミスをしたのだから，間違いなくクビにされる」「○○は，二度と私と口をきいてくれないだろう」
③感情的理由づけ	
事実ではなく，そのときの自分の感情にもとづいて，物事を判断してしまう。	例：「こんなに不安なのだから，この仕事がうまくいくはずはない」「こんなにつらいのだから,何もできなくて当然だ」
④拡大視・縮小視	
否定的な面は拡大してとらえ，肯定的な面は縮小してとらえてしまう（その逆もあり）。	例：「英語と数学はよくできたが，国語の点が悪かった。国語がまともにできないなんて，私は馬鹿だということだ」「今回はうまくいったが，それは自分の力ではない。たまたま運がよかっただけだ」
⑤過度の一般化（心のフィルター，選択的抽出，結論の飛躍）	
全体像を見るのではなく，一部の否定的な要素だけに過度に注目して，否定的で大雑把な結論を出してしまう。	例：「○○を食事に誘ったら断られた。彼女は私とは出かけたくないのだ」「私は人と話すのが苦手だから,営業は無理だ」「ここでうまくいかないということは，人生だってうまくいかないということだ」「失恋をしてしまった。自分は二度と異性と付き合うことはないだろう」
⑥読心術	
他人の考えや気持ちを勝手に読み取って，決めつける。	例:「先生は,私が怠けていると思っているにちがいない」「どうせ上司は，自分がこれをできないと思っている」
⑦個人化（自己関連づけ）	
何か悪いことがおきると，すべて自分のせいにしてしまう。	例：「子どもが学校の先生に注意されたのは，私の子育てが間違っていたからだ」「母親が病気になったのは，私が親不孝で苦労ばかりかけたからだ」
⑧べき思考	
何事にも「こうすべきだ」「ああすべきでない」と厳密なルールを要求し，柔軟に対応できない。	例：「一度約束したら，絶対に守るべきだ」「私はあの場にいるべきではなかった」「あの人は，あんなふうに言うべきではなかった」「何かをやり始めたら，手を抜かずにやるべきだ」

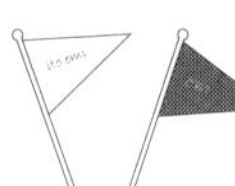

ィブに予測してしまうことです。「③感情的理由づけ」とは，自らの反応の原因を全て（あるいはほとんど），気分や感情に帰属させてしまう，ということです。たとえば「こんなに不安なのだから，最悪な状況に違いない」「こんなに怖いんだから，もうどうにもならない」といった自動思考です。「④拡大視・縮小視」とは，ある情報を抽出して，それを極端に重視したり軽視したりする，ということです。うつ病のクライアントに多いのは，ネガティブな情報は拡大視し，ポジティブな情報は縮小視して割り引く，というものです。「⑤過度の一般化（心のフィルター，選択的抽出，結論へ飛躍）」とは，全体的に状況を見ずに，一部の情報だけに基づいて，極端な結論を導き出す，というものです。「⑥読心術」とは，いわゆる「マインド・リーディング（mind reading）」で，他者の心を勝手に読みとってしまうことを言います。「●●さんに，こう思われた」「みんなに，こう思われたに違いない」といった自動思考が典型的です。たいていはネガティブなことを「（相手，他者に）思われた」と思います。「⑦個人化（自己関連づけ）」とは，外側の事象を「自分が悪いからだ」「私のことを言われている」というように，自らに関連づけて解釈してしまうことです。「⑧べき思考」とは，「べき」「ねばならない」という思考で自分や他者に厳格なルールや完璧主義を押し付けてしまうような自動思考です。

ここに挙げた８つのリストは典型的かつ代表的なサンプルであって，他にも非機能的な認知のパターンはいくつもあります。たとえば，犯罪行為をした人と話すと，事件を起こす直前の自動思考は，内容的にはポジティブな場合も少なくありません。「これは絶好の機会だ」「自分だけは捕まらない」「うまくやれば大丈夫」などといった自動思考です。「自分に都合のよい思考」とでも呼べばよいでしょうか。これらの自動思考に引っ張られて，犯罪行為をするのですから，内容的はポジティブですが，機能的にはネガティブ，ということになります。あるいはこのコロナ禍で，「コロナなんか大したことがない」「コロナは単なる風邪」というのは，一見ポジティブな思考かもしれませんが，この思考によって適切な予防行動が取れずにウィルスに感染したら，やはり機能的にはネガティブ，ということになります。このような自動思考は「現実を無視した思考」「リスクを価値下げする思考」と呼べるかもしれません。こんなふうに，先ほど挙げた８つだけでなく，さまざまな非機能的な思考のパターンがあります。

このリストをクライアントに差し上げて，共有することがよくあります。皆さ

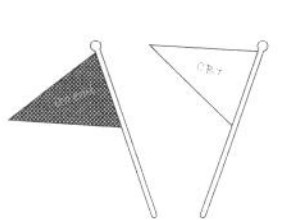

ん，結構思い当たるらしく，「あ，私，しょっちゅう，この『全か無か思考』にはまっている」「僕の場合は，この『読心術』が曲者かもしれません」などと，コメントしてもらうことが多いです。このリストを好むクライアントには，ホームワークとして，「自動思考をモニターし，自分をつらくさせる自動思考が，このリストの何番に当てはまるか検討する」といった課題を設定することがあります。自動思考のモニターをする際に，このリストを併せて用いることで，自らの自動思考をさらに客観視したり，自動思考にさらに距離を取ったりすることができるようになるクライアントが少なくありません。

2つに1つで迷うとき

強度や非機能性が同じぐらいの自動思考が複数ある場合，そこから検討の対象とする自動思考を一つだけ選択する際に，「どっちにしようか？」と迷うことがあるかもしれません。それらの自動思考が短くシンプルなものであれば，複数の自動思考をまとめて一つのフレーズにして，ツール4のブレインストーミングの対象とする，ということは可能です。しかし，可能であれば，「ひとまず一つの自動思考に絞って検討する」ということにして，やはり一つに絞り込んだほうがよいと思います。というのも，後で具体例をお示ししますが，ツール4の12個の質問を用いたブレインストーミングによって出てくるアイディアは，かなりの量になるんです。一つの自動思考に絞って，じっくりとアイディア出しをするだけでも，とにかく「かなりの量」なんです。複数の自動思考を統合して検討するとなると，その量がさらに増えることになります。私たちの脳の情報処理能力には制約があります。あまり脳に負担をかけすぎないほうがよいと思うのです。

では2つの自動思考のどちらをどう選ぶとよいでしょうか？　結論から言えば，「どっちでもよいので，とりあえず適当に一つ選ぶ」です。迷う場合はどっちでもいいんです。結局，その人のなかに続々と湧き出る自動思考はつながっていますから，どちらかを選んでじっくりと検討し，代替思考を生み出せば，選ばれなかった自動思考にも，その検討作業や代替思考は波及的に影響するはずです。ですからクライアントが迷っている場合，セラピストはあまりその「迷い」にシリアスに乗らず，「どっちでもいいですよ。とりあえず一つに絞ってみましょう」と声かけするとよいでしょう。「選べない」という場合は，「どちらにしようかな」でもいいし，10円玉をトスして表か裏かで決めてもいいのです。

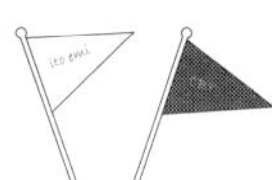

あるいは一つ選んでツール４，ツール５に進み，一通り終えた後で，もう一度，もう一つの自動思考に焦点を当てて，そちらの自動思考についてもツール４，ツール５を一通り実施する，ということもできます。……ということをクライアントにも説明し，さきほども言いましたが，ここであまりシリアスになりすぎないほうがよいと思います。認知再構成法は手続きですから，その手続きをとりあえず一通り体験してもらうことのほうが重要だと思います。そしてその手続きは何度でも繰り返せるわけですから。

スキーマチックなものは避ける

自動思考を選択する際のポイントを，もう一つ挙げておきたいと思います。それは,「最初からスキーマチックな自動思考は選択しない」ということです。言い換えれば,「スキーマではなく，状況依存的な自動思考を選択する」ということです。スキーマがそのまま自動思考として出てくる場合はよくありますが，それをそのまま扱うと，結局はスキーマを扱うような様相になってしまい，ツール４で苦戦する可能性があります。苦戦というか，ものすごく時間がかかるというか。認知再構成法の手続きをまずはクライアントに体験してもらうのだとしたら，最初からスキーマっぽい自動思考に時間をかけて取り組むよりは，まずは状況から誘発されたその場限りの自動思考を扱った方がやりやすいです。状況依存的な自動思考を何度も扱い，認知再構成法の手続きに慣れてきたところで，クライアントが希望すれば，スキーマ的な自動思考を時間をかけて再構成してみるというのであれば，とても意味のあることだと思います。

ツールは誰が書くのか

最後にツール３をはじめとした認知再構成法で用いるツールを「誰が書くのか」ということについてお話しておきましょう。アセスメントシート（ツール１）は，最初，セラピストがクライアントと対話をしながら記入するものです。次に，エピソードレベルでアセスメントを繰り返すなかで，クライアントが自らアセスメントシートを作成できるように手助けします。そうやって主訴やストレス体験に関わるエピソードをクライアント自身がセルフモニタリングして，アセスメントシートに外在化して整理する，というスキルをクライアントに身につけてもらいます。一方，ケースフォーミュレーションで用いる「問題同定と目標設定のシート」（ツール2）については，これはセラピスト主導で作成することが多いです。もちろんクライアントとの対話を通じて協同作業で作り上げるものではありますが，記入するのはセラピストであることがほとんどです。

では，本ワークショップのテーマである認知再構成法で用いるツール（ツール3，4，5）には，誰がペンを持って記入するのでしょうか？　私自身は認知再構成法に入って，ツール3の作成を開始することになったら，クライアントにペンを手に取ってもらい，クライアント自身に書いてもらうようにしています。これは本書のテーマではありませんが，問題解決法で用いるツール（ツール6）についても同じようにしています。というのも，認知再構成法も問題解決法も，クライアント自身に習得し，使いこなせるようになってもらいたいスキルだからです。ですから，認知再構成法の場合，たいていこのツール3の作業に入った時点で，クライアントに対し「自分で書いてみますか？」「自分で書けそうなら，書いてみましょう」と促して，クライアント自身にツールに記載してもらうようにしています。私の経験上，9割ぐらいクライアントが，「あ，じゃあ，そうします」という感じで，自分で書いてくれます。

余談ですが，CBTってセラピストにとって書く作業が非常に多くて，何セッションも続くと，腱鞘炎になりそうなぐらい手が疲れたり痛くなったりすることがありませんか？　CBTの唯一の欠点はそれだと思うぐらい，「書き続けて手が疲れちゃったな～」ということがときどきあります。ですから，認知再構成法や問題解決法に入るときに，クライアント自身がツールに記入してくれるようになると，実はセラピストの手を休めることができて，とっても助かるんですよね。まあ，これはあくまでも余談でして，とにかくクライアント自身が手続きやスキルを習得するために，ご自身でツールに記入してもらうのです。

とはいえ，認知再構成法とか問題解決法といった新たな技法を学び始めようというときに，自分でペンを持ってツールに書かなくてはならない，というマルチタスクが苦手なクライアントもいらっしゃいます。その場合はもちろん無理に書いてもらうようなことはせず，「慣れないうちは私（セラピスト）のほうでツールに記入しますね。慣れてきたら，ご自分で書けるようにしていきましょう」と伝えて，最初はこちらで記入するようにしています。ただしこの場合も，ホームワ

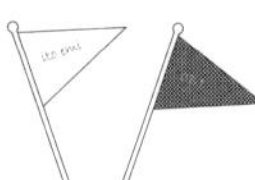

ークなどを通じて，クライアント自身が自分で書けるよう手助けし，最終的にはクライアント自身で記入できるところまで持っていきます。もちろん書字障害など，書くことそれ自体に困難を抱えるクライアントの場合は，その限りではありません。

田中洋子さんの自動思考の選択

それでは，これまでに紹介したツール３について，それぞれどのような自動思考が選択されたのか，ということをお示しします。まずは専門学校の事務職員の田中洋子さんです。彼女は，学費について保護者から問い合わせがあったのですが，電話を担当者につなげられず，保護者に電話で怒鳴られ，電話を切った後に，あれこれ反すうして落ち込んでしまった場面をツール３に外在化しましたね。

この場面で，田中さんの頭には，以下の４つの自動思考が浮かんでいました。

・「担当のA先生に，職員室にいるようにもっと強く言えばよかったのに，言わなかったからダメだな」（100％）
・「いつもちょっとしたことができなくて，仕事がうまくいかないな」（100％）
・「私の対応がまずかったな～」（100％）
・「一人きりだな～。私には誰もいないな～」（80％）

ここから検討の対象とする自動思考を一つ選ぶ必要性について，私は田中さんに説明し，どの自動思考を選択するか尋ねました。そのときのやりとりを，私はものすごくよく覚えているのですが，私自身は，田中さんが「いつもちょっとしたことができなくて，仕事がうまくいかないな」を選択するのではないか，と予測していました。「いつも」「できない」「うまくいかない」という言葉が強いし，この自動思考が田中さんをもっともつらくさせているのではないか，と感じたからです。しかし予想に反して田中さんが選んだのは，「私の対応がまずかったな～」という自動思考でした。理由を問うと，やはりこの場面では，特にこの自動思考に浸ってしまい，これが落ち込み，悲しい，つらいといった感情にもっとも強く関連しているから，ということでした。私の予想は私の勝手な予想にすぎなかったのです。このやりとりから，自動思考の選択の仕方について説明し，クライアントがそれを理解すれば，あとはクライアント自身が自動思考を適切に選択できるのだ，ということを改めて学びました。クライアントが一番クライアント

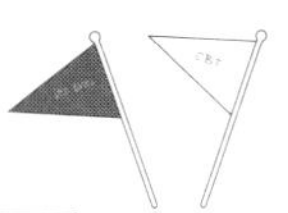

12/8（水）13時45分。自分のデスクにて。保護者（父親）からの4度目の電話。学費の問い合わせ。担当者にお願いしたにも関わらず，その場にいてくれず，担当者につなげず。とうとう保護者がブチ切れて，私に怒鳴り始めた。「ふざけんな！」「お前だって担当者だろう？」「何回電話させるんだ？」。必死に対応して謝り続け，10分で電話が切れる。そのままデスクで呆然としている。そのとき……。

落ち込み　（100%）
悲しい　（90%）
つらい　（90%）
孤独感　（80%）

「担当のA先生に，職員室にいるようにもっと強く言えばよかったのに，言わなかったからダメだな」（100%）
「いつもちょっとしたことができなくて，仕事がうまくいかないな」（100%）
「私の対応がまずかったな～」（100%）
「一人きりだな～。私には誰もいないな～」（80%）

身体に力が入らない。涙が出てくる。ため息をつく。仕事が手につかない。

図 6-2　田中洋子さんのツール3（自動思考の選択までの最終型：検討する自動思考の選択）

自身の体験を知っておられますからね。当たり前と言えば当たり前のことですが。

検討する自動思考を選んだら，ツール3の当該の自動思考の部分を丸で囲みます。そしてその自動思考と関連する気分・感情と線で結びます。田中さんの場合は，図 6-2 のようになりました。これがツール3の最終型ということになります。

伊藤絵美さんの自動思考の選択

では，次に伊藤絵美さん（私のことですが……笑）のツール3に移ります。タクシーが道を間違えて，帰宅時間が遅くなったことに気づいた場面で，伊藤さんの頭には以下の自動思考が浮かびました。

- 「こういうときに限って，何で道を間違えるのよ！」(90%)
- 「一刻も早く帰って，ご飯を食べないといけないのに」(90%)
- 「ああ，睡眠時間が減っていく。ちゃんと寝ないと，明日がうんとつらくなってしまう。どうしよう」(85%)

・「あああ，何て運が悪いんだろう，やってらんないなあ」(60%)

この中から，ツール4で検討の対象とする自動思考を選ぶとしたら，私は「ああ，睡眠時間が減っていく。ちゃんと寝ないと，明日がうんとつらくなってしまう。どうしよう」を選びます。これは上の2つの自動思考が確信度90パーセントに比べると，85パーセントと少し下がるのですが，帰宅の時間が遅れることの何が自分にとってつらいかというと，やはり睡眠時間が減ることと，それによる明日の仕事に悪影響が出ることなんです。そして，この自動思考が「イライラ」「焦り」「不安」「悲しい」といったネガティブな気分･感情に最も関連していると思われるので，この自動思考を選択します。なので伊藤絵美さんのこのツール3の最終型は図6-3のようになります。

このエピソードについては，伊藤絵美さんは今ご紹介した場面の直後の場面もツール3に外在化していましたね。その場面では，以下のような自動思考が浮かんでいました。

・「いけない，いけない，運転手さんだってわざと間違えたわけじゃないのに，何て私は嫌な態度を取っているんだろう」(90%)
・「この程度のことで，こんなに焦ったりイライラしたりするなんて，こんな自分は馬鹿みたいだ」(85%)
・「でも金曜日の夜に睡眠が減るのはとても嫌なんだもん！」(75%)
・「毎週金曜日に，こんなにも睡眠にこだわらないといけないなんて，しんどいなあ，つらいなあ」(75%)

もしこの場面を使って認知再構成法をさらに進めてツール4に取り組むのであれば，2番目の自動思考（「この程度のことで，こんなに焦ったりイライラしたりするなんて，こんな自分は馬鹿みたいだ」）を選びたいな，と思います。というのも，この自動思考に深く関わっている気分・感情（自己嫌悪，自己批判，みじめな感じ）が私にとってはとてもつらく，耐え難いからです。このように自分にとってつらく耐え難い気分・感情と関連が深いと思われる自動思考を選択する，というのは，ツール4で検討する自動思考を決める際の王道となります。なおこのエピソード以降は，ツール3の最終型を提示するのは省略いたします。

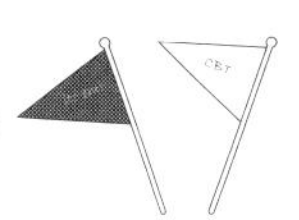

●月●日（金）午後11時過ぎ。打ち合わせの帰り，タクシーの中。空腹。翌土曜日は朝から一日中面接の予約がぎっしりで，できるだけ睡眠を取っておきたい。自宅近くまで来たときに，運転手が道を間違え（曲がり損ねた），はまらなくてもよい渋滞にはまる。時計を見ると，ただでさえギリギリの帰宅予定時間が，さらに30分は遅れ，入眠がかなり遅くなってしまうことに気がついた。車は徐行で，周りは工事でチカチカしている。

怒り（90%）
イライラ（90%）
焦り（90%）
不安（85%）
悲しい（70%）
嘆き（50%）

「こういうときに限って，何で道を間違えるのよ！」（90%）
「一刻も早く帰って，ご飯を食べないといけないのに」（90%）
「ああ，どんどん睡眠時間が減っていく。ちゃんと寝ないと，明日がうんとつらくなってしまう。どうしよう」（85%）
「あああ，何て運が悪いんだろう，やってらんないなあ」（60%）

頭にカーッと血が上る。顔が紅潮する。大げさにため息をつく。何度も時計を見る。謝る運転手に対する返答の声が，トゲトゲしてくる。

図6-3　伊藤絵美さんのツール3（自動思考の選択までの最終型：検討する自動思考の選択）

伊藤絵美さんの自動思考の選択（歯医者）

では，次のツール3に移ります。ある日曜日の夜，寝るためにベッドに入ったところで，「明日は歯医者の予約があるんだった」と思い出した際に，いくつかの自動思考が以下のように浮かびました。

- 「またあそこで削られて痛い思いをするのか～。嫌だなあ～。でも行かないわけにはいかないしな～」（95%）
- ●●歯科の診察台で，痛みに耐えている自分の姿がイメージされる。（100%）
- 「もう行くの止めちゃおうかなあ。痛くない治療法が発明されてから，歯医者に行けばいいんじゃない？」（75%）

ここからツール4で検討する自動思考を選択するとしたら，断然「●●歯科の診察台で，痛みに耐えている自分の姿」というイメージですね。確信度は100パーセントですし，このイメージがあまりにもリアリティがあって，強烈な不安や恐怖が生じるからです。

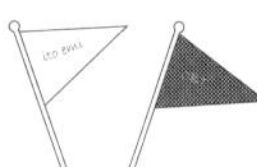

伊藤絵美さんの最後のツール3は，歯医者での治療が終わって駅に向かってとぼとぼ歩いている場面でした。そのときに生じた自動思考は以下の通りです。

- 「あーあ，やっぱり今日も痛かった。もう歯医者なんて二度と行きたくない」(90%)
- 「あー，でもとりあえず今日の分が終わってよかった」(70%)
- 「あと何回通えばいいんだろう。やめたいなあ。嫌だなあ。何とかして逃れる手はないものか」(90%)
- 「そもそも，一体いつ手を挙げればいいのよ？　挙げたはずみで先生の手元が狂ったら大変なことになるじゃん」(75%)
- 先生の手元が狂って口内が血まみれになるイメージ (90%)

この中からツール4で扱う自動思考を選ぶとしたら，断然，3つめの自動思考(「あと何回通えばいいんだろう。やめたいなあ。嫌だなあ。何とかして逃れる手はないものか」）にします。90パーセントと確信度が強いですし，この自動思考に乗っかってしまうと，歯医者に行くという行動の妨げとなってしまいそうだからです。歯医者に行くというのは，私にとって楽しい行動ではありませんが，自分の心身の健康にとって機能的な行動です。その機能的な行動の妨げとなる思考であれば，非機能的な思考ということになりますね。したがってこの自動思考をピックアップして，歯医者に通うという機能的な行動につながるような思考を作ってみたいと思います。

会社員Aさんの自動思考の選択

最後に紹介したのは，拙著『事例で学ぶ認知行動療法』でうつ病の事例として提示した会社員のAさん（女性）のエピソードでした。休職中に通っていたピアノのレッスンで先生にお小言を言われて，帰りの電車のなかで反すう状態に陥ってしまったのでした。その際の自動思考は以下の通りです。

- 「自分のせいで先生を怒らせちゃった」(90%)
- 「仕事ばかりかピアノまで自分はまともにできないんだ」(80%)
- 「やっぱり私はダメなんだ」(80%)
- 「このままは本当に発表会に間に合わなくなる」(80%)

Aさんはこのなかから「仕事ばかりかピアノまで自分はまともにできないんだ」を選択しました。これはこのときのつらい感情とも直接的に関わっている確信度

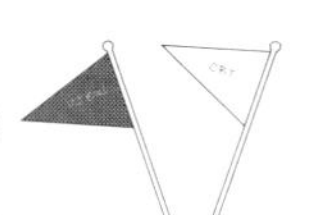

の高い自動思考で，かつ状況依存性の高いものなので，この選択は非常に妥当で賢明だと言えましょう。この自動思考に比べて，たとえば3番目の自動思考（「やっぱり私はダメなんだ」）は，よりスキーマに近いものだと思われます。「私はダメ」というのは，個別の状況ではなく「自分」という広範なテーマに関わるものですし，この「やっぱり」が曲者なんですよね。おそらくAさんには「自分はダメだ」といった，スキーマ療法でいうと「欠陥／恥スキーマ」的な早期不適応的スキーマがあって，それがこの状況で活性化されてしまい，「ほら，やっぱり私はダメなんだ」というように，スキーマを確証するような自動思考が発生したのだと考えられます。となると，前にも述べた通り，最初からスキーマ的な自動思考を選ぶのではなく，状況依存的で検討しやすい自動思考をまず選択するほうが妥当なので，やはりAさんの選択は正しかったということになります。Aさんはツール3のこの思考を丸で囲み，その丸と，この思考と関連する「落ち込み」「悲しい」という感情とを線で結びました。

ツール3の作成を続けるだけでも，変化が起きる

ここまでがツール3の作業についての解説でした。この後，ツール4，5と作業を進めていくわけですが，実は，このツール3への取り組みを行うだけでも，そしてこのツール3の作成を練習として続けるだけでも，クライアントに何らかの変化が起こることが少なくありません。このことについて少し解説させてください。

まず，セルフモニタリングのスキルが格段に上がる，ということです。クライアントはケースフォーミュレーションの過程のなかで，セラピストと共にCBTの基本モデルに沿ってセルフモニタリングやアセスメントについて協同作業を行い，それらのスキルを獲得しています。そのスキルがここでツール3の練習にしっかり取り組むことによって，格段に上昇することが本当によくあります。ストレッサーやそれに対する自身の反応に対して，よりシャープそしてビビッドにリアルタイムでモニターできるようになるんです。これ自体に非常に意味がありますし，気づきがリアルでビビッドになるほど，クライアントさんが生き生きとしてきます。

次に，ツール3を作成して，自らの体験をリアルに外在化できるようになると，

再構成するためのワーク（すなわちツール４とツール５）に特に取り組まなくても，自らの自動思考や気分・感情に距離を取って，客観的に眺められるようになり，手放せるようになることが少なくありません。まさにこれがアーロン・ベックの言うところの「距離を取る（ディスタンシング）」なんですね。これが認知再構成法の第一歩です。あるいはこれは ACT（アクセプタンス＆コミンットメント・セラピー）で言うところの「脱フュージョン」にも該当します。自動思考それ自体を「現実そのもの」として巻き込まれず（巻き込まれるのが「フュージョン」ですね），「あ，こういう自動思考が出てきちゃったのね～」というふうに，脱フュージョンできるようになるのです。これはひいては「自らの体験に距離を置いて，評価や判断をせずにそのまま受け止め，手放す」というマインドフルネスの構えにそのままつながります。ツール３の練習を続けるだけで，うまくいけば，マインドフルネスの構えまで獲得できてしまうのです。さらにその延長線上に「コンパッション」があります。とある状況に応じて生じた自らの自動思考や気分・感情に気づきを向けて，評価判断することなくマインドフルに受け止められるになると，そういう体験をしている自分自身に対してもマインドフルに対応できるようになります。マインドフルな構えというのは，基本的に「興味をもって，優しいまなざしで眺め，慈悲をもって受け止める」というものです。すなわちコンパッションです。つまり自分自身をマインドフルに受け止められるようになるということは，自分自身に対してコンパッションをもって受け止められるようになるということでもあるのです。したがって，ツール３を繰り返し練習することにより，自分自身の体験をマインドフルに受け止められるようになるだけでなく，自分自身に対するコンパッションまでもが醸成される可能性があり，場合によってはこの時点でクライアントが回復してしまうことだってあるのです。

以上とは異なるもう一方の変化としてよくみられるのは，ツール３の作業を続けることによって，生々しい感情へのアクセスがよりスムースにできるようになり，よい意味で感情曝露が実現する，というものです。感情を抑制したり遮断したりするクライアントは少なくありませんが，通常は，アセスメントの段階で，CBT の基本モデルに含まれる気分・感情について心理教育を行い，感情へのアクセスや感情のモニタリングを促しますので，認知再構成法という技法に入った時点で，気分・感情へのアクセスやモニタリングが全くできない，ということはありえません。とはいえ，従来，感情抑制や感情遮断をする人は，この時点でもややアクセスしづらかったり，そういうつもりはなくてもこれまでの癖で，どうし

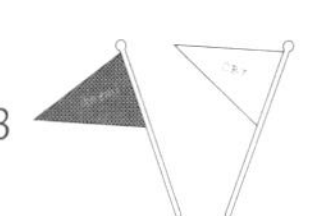

ても気分・感情をつい遮断しようとしてしまったりすることが結構あります。そこでそういうクライアントに対しては，ツール３に取り組む際に，特定の具体的な場面における生々しい自動思考とそれに伴う生々しい気分・感情をキャッチすることの重要性をあらためて心理教育しながら，一緒にツール３を何枚も作成していくうちに，自らのなかから湧き出る生々しくビビッドな自動思考や気分・感情を生き生きととらえられるように変化していきます。さきほど,「気づきがリアルでビビッドになるほど，クライアントさんが生き生きとしてきます」と申しましたが，本当にそういう変化がみられます。クライアントが感情を恐れないようになり，どんな感情であれ，それを自分の体験として大切にできるようになるのです。これはとても重要な変化だと私は考えています。

最後に，ツール３に継続的に取り組むことによる変化として，ツール３の作業のなかで認知が再構成されるようになる，という現象が挙げられます。すなわちツール４や５に進まなくても，ツール３のみの作業をするなかで自然と再構成が起こることがあるのです。さきほどコンパッションの話をしましたが，ツール３の練習を何度も行ううちに，ツール３の４つの自動思考の欄のうち，最初の１つめや２つめの自動思考は，ストレス状況に反応して，クライアントにとってつらくネガティブで非機能的な内容なのですが，３つめ，４つめあたりになると，その１つめや２つめの自動思考に対応する形で,「あ～，でも全部が私のせいじゃないし」「明日まで待って様子をみてもいいんじゃない？」「この件については，あの人に相談してみたら，いいのではないだろうか」といった機能的な自動思考が出て来て，ツール３のなかでストレス反応が収まってしまう，という現象です。ツール３でこのように再構成までいってしまえば，ツール４の面倒くさいブレインストーミングをしないで済みます。このような場合も，もちろんクライアントが望めば，ツール４やツール５の作業も一緒に行いますが。

以上，ツール３に取り組むだけでも，さまざまな変化や効果があることをご紹介しました。このことを考慮に入れると，やはり時間など資源に余裕があれば，ツール３を１枚作って終わり，とするのではなく，ツール３の練習をホームワークも含め，継続的にしばらく続けた方がよい，ということになります。ツール３の作業が気に入ったクライアントは，終結までホームワークでツール３の作成を継続する場合もあります。

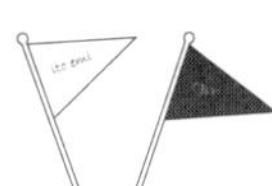

§7 自動思考についてのブレインストーミング ——ツール4

12の質問

それではここからいよいよツール4に入ります。認知再構成法でメインであるブレインストーミングの作業を，このツールを使って行います。以下の図7-1がツール4でしたね。使い方についてはすでに説明した通りで，このツールに示された12個の質問を使ってブレインストーミングを行います。ここでは12個の質問についてそれぞれざっと紹介し，後で，私自身の事例を通して，12個の質問のさらなる具体的な意味や目的と，ブレインストーミングの具体例をたっぷりと示します。

なお，ここではツール4の短い質問を補った文章を提示します。ツール4はスペースの関係で，極力短い質問としましたが，もうちょっと補った方がわかりやすいからです。クライアントに質問を提示する際は，以下に示す質問文を参考にして，口頭で補ってください。

それではまず1番目と2番目の質問です。

①自動思考がその通りであるとの事実や根拠（理由）は何か？
②自動思考に反する事実や根拠（理由）は何か？

この2つがセットになっています。①は自動思考が合っているとしたら，それにはどのような根拠となる事実や理由があるでしょうか？　これが認知再構成法において最も古典的な質問で，アーロン・ベックが最初の頃から使っていたものです。自動思考の内容的妥当性を問う質問であると考えればよいでしょう。人によっては，この質問のブレインストーミングでは，「事実限定」という厳密なルールを設けて，事実ではなく，クライアント自身の思考による「理由」は含めな

ツール4 自動思考の検討
クライアント ID:＿＿＿＿＿＿＿

自動思考検討シート：否定的感情と関連する自動思考について検討する

　　年　　月　　日（　　曜日）　　氏名：

1．具体的場面：最近，ひどくストレスを感じた出来事や状況を1つ選び，具体的に記述する

●いつ？　どこで？　誰と？　どんな状況で？　どんな出来事が？　（その他何でも・・・）

2．気分・感情とその強度（%）

3．自動思考（考え・イメージ）とその確信度（%）

＊＊＊

4．自動思考の検討：さまざまな角度から，自動思考について考えてみます

①自動思考がその通りであるとの事実や根拠（理由）は？	⑤最悪どんなことになる可能性があるか？	⑨他の人なら，この状況に対してどんなことをするだろうか？
②自動思考に反する事実や根拠（理由）は？	⑥奇跡が起きたら，どんなすばらしいことになるか？	⑩この状況に対して，どんなことができそうか？
③自動思考を信じることのメリットは？	⑦現実には，どんなことになりそうか？	⑪もし＿＿＿＿＿（友人）だったら何と言ってあげたい？
④自動思考を信じることのデメリットは？	⑧以前，似たような体験をしたとき，どんな対処をした？	⑫自分自身に対して，どんなことを言ってあげたい？

※ 否定的感情と関連する自動思考を把握したら，その自動思考について，まずは上の問に対して具体的に回答してみます。このように自動思考を，さまざまな角度から検討することが認知療法・認知行動療法では重要なのです。自分のつらい気持ちに気づいたら，このシートに記入して，自動思考を検討してみましょう。

備考：

図7-1　ツール4（選択した自動思考についてあれこれ考える：ブレインストーミング）

い，という場合もありますが，私自身は，事実かどうかにあまり拘泥せず，クライアントの考える「理由」も含めるようにしています。そうでないと，ブレインストーミングの「自由にアイディアを出す楽しい雰囲気」が損なわれてしまうからです。この時点で，「それが事実かどうか」という議論になってはつまらない（実際，そういう議論が起きてしまったという話はよく聞きます），と思います。②は，①に対する真逆の質問ですね。その自動思考がもし「そうでないとしたら」「合っていないとしたら」，そこにはどのような根拠となる事実や理由がありますか，ということを問うています。

次の2つの質問です。

---

③自動思考を信じるメリットは何か？
④自動思考を信じるデメリットは何か？

これもこの2つがセットになっています。これらは，自動思考の内容について問うものではなく，自動思考の機能や有用性について問う質問です。ですので，自動思考の内容が合っているとか合っていないとか，そういうことは置いておいて，合っていても合っていなくてもその自動思考を「その通りだなあ～」と信じて

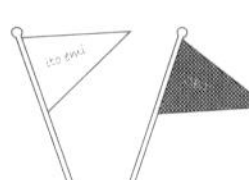

みると，それによってどういういいことが自分にあるのでしょうか？　というのが③の質問で，それによってどういうよくないことが自分になるのでしょうか？　というのが④の質問です。

---

⑤最悪どんなことになる可能性があるか？
⑥奇跡が起きたら，どんなすばらしいことになるか？
⑦現実にはどんなことになりそうか？

これはこの３つがセットです。これらはすべて，自動思考や自動思考を生じさせた状況の「結果」を問う質問です。その状況が，あるいはその状況においてそのような自動思考が浮かんだ自分が，最悪どんなことになる可能性がありますか？　というのが⑤の質問です。一方で，その状況や自分に奇跡が起きるとしたら，どんなすばらしいことが起きるでしょうか？　というのが⑥の質問です。ここで「最悪」と「奇跡」という両極端を決めます。そして現実には，この両極端の間にさまざまな現実的な結果の可能性があります。最悪に近い結果もあれば，よくも悪くもない結果もあるでしょうし，奇跡とまではいかなくても，わりとよい結果になる可能性もありますね。そういう現実に起こりうるさまざまな結果を想像してみましょう，というのが⑦の質問です。⑥の「奇跡」という言葉は，ソリューションフォーカスト・アプローチとかブリーフセラピーにおける「ミラクル・クエスチョン」を連想させるかもしれませんが，意味合いがちょっと異なります。

---

⑧以前，似たような体験をしたときには，どんな対処をしたか？
⑨他の人なら，この状況に対して，どんな対処をすると思うか？
⑩今の自分だったら，この状況に対してどんな対処ができそうか？

これもこの３つがセットです。すべて対処，すなわちコーピングに関する質問です。これらこそブリーフセラピーの「コーピング・クエスチョン」とコンセプトは近いかもしれません。コーピングには認知的なものと行動的なものがありますから，この３つについては，すべてその両方についてブレインストーミングします。⑧は自分自身の過去の対処についての質問です。⑨は「自分ではない，他の誰かだったら，どう対処するか？」という質問で，この「他の誰か」には誰を入れてもよい，というのがポイントです。セラピストも然り，グループで取り組む場合はすべてのグループメンバーも「他の誰か」にもちろん入ります。そしてそれだけでなく，ここでいろいろな「キャラ設定」をすることができます。具体例は後で紹介しますが，たとえば「ドラえもんシリーズ」で「のび太だったら？」

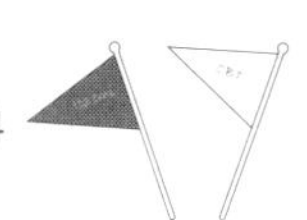

「しずかちゃんだったら？」「ジャイアンだったら？」「ドラえもんだったら？」とさまざまなキャラでシミュレーションしてみたりできます。「サザエさんシリーズ」もいいですね。グループでブレインストーミングをする場合は，さきほども言ったように，当事者以外のグループメンバーやスタッフが全て「他の誰か」に該当するので，みんなで「自分だったらこういうときにこう思うようにしてみる」とか「私だったらこういうときにこういうふうにしてみるかも」とアイディアをバンバン出し合って共有する，ということができます。これが非常に盛り上がりますし，グループの雰囲気がとても良いものになります。グループ CBT をする方には，ぜひ試してもらいたいと思います。さらに⑩の質問は，認知再構成法で扱うネタは，リアルタイムというよりは，ちょっとだけ過去のエピソードを扱うことが多いので，「今の自分がタイムマシンに乗って，そのときの状況に戻って，そのときの自動思考が浮かんだら，今ならどういう対処をするか？」という思考実験です。クライアントはこの時点で，すでにいくつもの質問に対してブレインストーミングを行っており，認知がかなり柔軟になっています。そういう柔軟な認知のもとで当時の自分に戻って，「今ならこういう対処もできる」「ああいう対処もできる」という感じで，対処についてアイディアを出してもらうのです。

---

⑪もしこの状況にいるのが自分ではなく ＿＿＿（友人など自分にとって大切な人）だったら，その人に何と言ってあげるか？

⑫タイムマシンに乗って，その状況の自分に会いに行ったとしたら，その自分自身に対して何と言ってあげたいか？

この２つの質問が最後のセットになります。この２つについては対話を使った，体験的なワークをするのが最適です。⑪は英語圏では「友だち質問（フレンド・クエスチョン）」と呼ばれており，特に子どもの臨床ではとても役に立つと言われています。この質問では，ツール３の状況に置かれているのが自分ではなく，自分にとって大切な人（友人，家族など）であるとしたら，その人を助けたり支えたりするために，どんな言葉がけをするか？ということをイメージしてもらいます。よく用いるのはロールプレイで，セラピストがその友だちや家族の役をして，クライアントに声かけをしてもらいます。⑫は，自分自身を「自動思考サイド」と「ヘルシーサイド」に分けて，「自動思考サイド」の自分に対して，「ヘルシーサイド」の自分が声かけをして，「自動思考サイド」を助けたり支えたりする，というワークをします。これについてもセラピストが「自動思考サイド」を演じるロールプレイができますし，椅子を２つ用意してゲシュタルト療法のよう

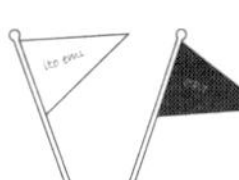

なチェアワークもできますし，イメージを使った対話のワークもできます。⑫の質問をめぐる対話については，スキーマ療法のモードワークに近い感じかもしれません。いずれにせよ⑪も⑫も，とても実のある，そして非常に楽しいワークになることが多いです。

ツール４の作業では，これら 12 個の質問について，一つひとつブレインストーミングを行っていくわけですが，出ていたアイディアは書き留めておかないと忘れてしまいますので，そしてツール４の 12 個の質問の欄は，数あるアイディアを書き留めるには小さすぎますので，たいていは別紙（白紙の A4 版コピー用紙など）を使って，どんどん外在化していきます。グループで行う場合はホワイトボードに書き出すこともよくあります。PC に打ち込んでもよいでしょう。

ここでブレインストーミングのルールを確認しておきましょうか。

ポイント：ブレインストーミングのルール

1．質より量。とにかく数をたくさん出す。出たものは全て書き出す。
2．良し悪しの判断をしない。よいものを出そうとしない。
3．馬鹿げたアイディアや突拍子のないアイディアも排除せず書き出す。

多少重複していますが，この３つがブレインストーミングのルールです。アイディアを出しましょう，となると，ついつい私たちは「よいものを出さなきゃ」という色気を出してしまいがちですが，そういう色気を排除して，「何でもいいから，変なものでもいいから，いやむしろ変なもののほうがいいから，じゃんじゃんアイディアを出してしまおう」というのがブレインストーミングなんです。こういったことをクライアントに何度も説明して，ブレインストーミングを進めていくわけですが，とはいえクライアントは真面目な人が多いので，それでも「ちゃんとしたアイディアを出さなきゃ」となりがちです。そういうときは，セラピストがちょっとおバカなアイディアを出してしまえばいいんです。こちらがおバカなアイディアを「こんなの出ちゃったんだけど」という感じで出すと，クライアントが「いやあ，ちょっとそれは……」という感じで拒否しそうになるのですが，セラピストはそこでおバカなアイディアを引っ込めずに，「いや，だってブレインストーミングだから。出ちゃったんだから書いちゃおうよ」という感じで，若干おふざけっぽく，そして押しつけがましいかもしれませんが，そうやって出

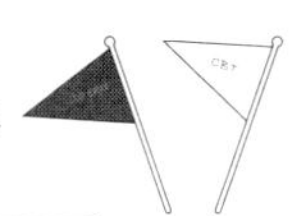

自動思考検討シート：否定的感情と関連する自動思考について検討する

年　月　日（　曜日）　氏名：

1．具体的場面：最近，ひどくストレスを感じた出来事や状況を1つ選び，具体的に記述する

●いつ？　どこで？　誰と？　どんな状況で？　どんな出来事が？　（その他何でも・・・）

2．気分・感情とその強度（%）

3．自動思考（考え・イメージ）とその確信度（%）

＊＊

4．自動思考の検討：さまざまな角度から，自動思考について考えてみます

①自動思考がその通りであるとの事実や根拠（理由）は？

⑤最悪どんなことになる可能性があるか？

⑨他の人なら，この状況に対してどんなことをするだろう

図7-2　ツール4の上部

し散らかしていくモデルを示すのです。そうするうちに，クライアントのほうも「ああ，こんなんでいいのか～」という感じで，ちょっと緩んでいく。そうするとより自由な気持ちでブレインストーミングに取り組めるようになる。こういう循環を目指します。

まずはツール4の上部に記入する

さきにブレインストーミングについて語ってしまいましたが，その前に，まずはツール4の上部（図7-2）に記入します。状況を書く欄には，ツール3の状況欄と同じ情報を記載します。ちょっと欄が小さいので，場合によっては省略したり簡略化したりしてもよいでしょう。そしてツール4の自動思考の欄には，ツール3で選択した自動思考だけを1つ記入します。確信度もパーセントで記入します。そして気分・感情の欄には，その選択した自動思考と関連する気分・感情とその強度（%）を記入します。

たとえば，私の「タクシー事件」であれば，このように記入することになります。

状況：●月●日（金）午後11時過ぎ。打合せの帰り，タクシーの中。空腹。翌土曜日は朝から一日中面接の予約がぎっしりで，できるだけ睡眠を取っておきたい。自宅近くまで来たときに，運転手が道を間違え（曲がり損ねた），はまらなくてもよい渋滞にはまる。時計を見ると，ただでさえギリギリの帰宅予定時間が，さらに30分は遅れ，入眠がかなり遅くなってしまうことに気がついた。車は徐行で，周りは工事でチカチカしている。

気分・感情：イライラ（90%），焦り（90%），不安（85%），悲しい（70%）

自動思考：「ああ，どんどん睡眠時間が減っていく。ちゃんと寝ないと，明日がうんとつら

くなってしまう。どうしよう」(85%)

そして，ツール４の下部に書かれてある12個の質問を使って，「ああ，どんどん睡眠時間が減っていく。ちゃんと寝ないと，明日がうんとつらくなってしまう。どうしよう」という自動思考についてブレインストーミングをしていくわけです。

自動思考の「加工」が必要な場合がある

ここで一つだけ注意点があります。たとえば上記の私の自動思考であれば，そのままブレインストーミングに入れるのですが，実は，ブレインストーミングに入る前に，選択した自動思考を「加工」することが必要な場合があります。加工しないとブレインストーミングがやりづらかったり，加工した方が，ブレインストーミングがやりやすくなったりする場合があるのです。それについて少し解説しておきましょう。

加工の例その１：自動思考が短すぎる

まず，選択された自動思考があまりにも短すぎる場合です。それはたとえば，「えー！？」「まじか？」「やってらんねえ」「ざけんなよ」「きゃー！」といった自動思考です。英語だとそれに該当するのが，「ガッデム！」「オーマイガー！」といった自動思考ですね。ツール３の段階では，出てきたまんまの自動思考を外在化することが重要ですから，これらの短い自動思考でもオーケーなんです。しかし，たとえば「やってらんねえ」という自動思考を選んだとして，それをツール４でブレインストーミングするにしても，「何が，どう，やってらんねえのか」という情報がもう少し加わっていないと，検討することが難しくなってしまいます。ですから，自動思考があまりにも短い場合は，その短い自動思考に内在する意味を抽出して，自動思考を文章化する必要があります。もちろん内在する意味を知っているのはクライアントだけなので，対話をしながら，クライアントにその内在する意味を同定してもらうのです。その結果，「えー!?」は「そんなことが自分にあってはならない」とか,「やってらんねえ」は「●●さんのあのような言動を，自分は許せない」というように，もともとの自動思考が加工されます。加工した自動思考は，ツール４の自動思考の欄に新たに外在化し，ブレインストーミングの対象とします。

加工の例その２：疑問形の自動思考

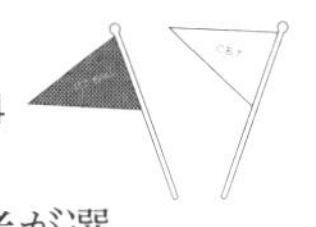

次に加工が必要なのは，実はこれが一番多いのですが，疑問形の自動思考が選択された場合です。たとえば「どうして私がそれをしなければならないの？」といったフレーズがそれに該当します。このフレーズは，見た目は完全に疑問文ですよね。これもツール3では，このまんまで大丈夫なのですが，これが選択された場合，このフレーズが純粋な疑問文であることは稀です。というのも，たいてい，この自動思考に関連する気分・感情は，「疑問」ではなく，たとえば「不満」とか「怒り」とか「イライラ」といったものだからです。純粋な疑問文には，そのような気分・感情は不随しません。たとえば「明日はどんな天気かな？」と純粋に疑問に思って天気予報を検索する場合，イライラしたり不満だったりはしませんよね。したがって，「どうして私がそれをしなければならないの？」と，形式上は疑問文でも，昔，国語における文法の授業で「疑問・反語」と習ったことがあるかと思いますが，これは反語文であるとみなして，その疑問文に内在する意味を，やはりクライアントとの対話を通じて抽出するとよいでしょう。それはたとえば，「私がそれをする必要はないし，そもそもしたくもない」というものかもしれませんし，「私じゃなくて，あなたがそれをするべきなんじゃないの！」というものかもしれません。そしてこのように加工したフレーズを，ツール4の自動思考の欄に書き加え，ブレインストーミングの対象とします。

加工の例その3：イメージを選んだ場合

ツール4で検討する自動思考にイメージを選択した場合も加工が必要です。たとえば伊藤絵美さん（私）のツール3で，歯医者に行く前の晩のネタがありましたが，そのときに私が選択したのは，「●●歯科の診察台で，痛みに耐えている自分の姿がイメージされる」（100％）というものでした。この場合，そのイメージに含まれる意味を言語化して，その言語化したものについてブレインストーミングすることになります。意味はクライアント自身に尋ねれば，その人にぴったりとくる表現で教えてくれるでしょう。私の場合，上記のイメージの意味は，「明日私は●●歯科の診察台で，治療を受けながら，あまりの痛みにもだえ苦しむに違いない」（100％）というものです。こういうふうに表現すればしっくりきます。したがってこの文章を，ツール4の自動思考の欄に追記します。

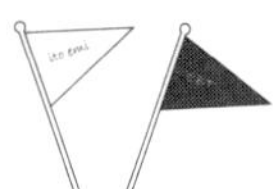

break

受講者からの感想③

ここで再度，チャットに寄せられた，皆さんからの感想を読み上げます。

感想：加工が必要な自動思考についてのポイントがわかってすっきりしました。日ごろのカウンセリングの中でも疑問形で話されていても怒りの感情が含まれていることを感じることが多かったので納得しました。

感想：長時間ですけれど楽しく参加できています。具体例を用いた説明はとてもわかりやすいです。気分・感情の言葉がリスト化されているものがあれば，そこから選べてよいかなと思いました。

伊藤：確かにそうですね。気分・感情の語彙が少ない方の場合，私の本の『自分でできるスキーマ療法ワークブック』の Book 1 に，リストがあるので，それをコピーしてお渡しして，まずそこから選んでもらうようなこともしています。

感想：疑問形で自動思考が出た場合にそれをどう扱えばいいのかと，これまで感じていました。加工して扱うという説明を聞いて納得できました。非機能的な自動思考が生じる流れをアセスメントしながら一コマ選ぶというのは，とても細かくて丁寧な流れを常に意識しないと頭が混乱しそうな感じもありました。

感想：ツール３の重要性について再認識しました。このワークショップは２回目なのですが，ブレインストーミングをセラピストから自由にやっていくという感じはなぜかいつも忘れがちなので，この後の講義をとても楽しみにしています。

感想：ブレインストーミングは楽しそうです。

皆さん，ご感想をありがとうございます。そうなんです！　ブレインストーミングは楽しいんです。そういうわけで，この後はその楽しい楽しいブレインストーミングについて，具体例と共にノンストップで紹介していきます。

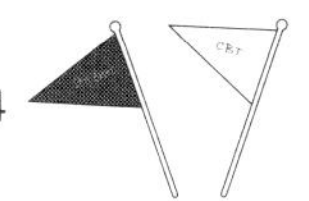

§8 ブレインストーミングを楽しもう
――ツール４

12 個の質問をめぐるブレインストーミング

下の図 8-1 を見てください。ツール４の上部には，状況，選択した自動思考とそれに関連する気分・感情がパーセントを含めて記載されているのでしたね。ツール４の下部には 12 個の質問が書かれています。いよいよ，選択した自動思考について，それら 12 個の質問をめぐってブレインストーミングを行うわけです。

まずここでするべきことは，一つひとつの質問が何を訊いているのかを，丁寧

ブレインストーミングをやってみよう

自動思考検討シ……的感情と関連する自動思考について検討する

年　月　日（　　曜日）　氏

1．具体的場面：最近，ひどくスト…スを感じた出来事や状況を１つ選び，具体的に記述する

●いつ？　どこで？　誰と？　どんな状況で…　どんな出来事が？　（その他何でも・・・）

2．気分・感情とその強度（%）

…自動思考（考え・イメージ）とその確信度（%）

4．自動思考の検討：さまざまな角度から，自動思考について考えてみます

①自動思考がその通りであるとの事実や根拠（理由）は？	⑤最悪どんなことになる可能性があるか？	⑨他の人なら，この状況に対してどんなことをするだろうか？
②自動思考に反する事実や根拠（理由）は？	⑥奇跡が起きたら，どんなすばらしいことになるか？	⑩この状況に対して，どんなことができそうか？
③自動思考を信じることのメリットは？	⑦現実には，どんなことになりそうか？	⑪もし＿＿＿＿（友人）だったら何と言ってあげたい？
④自動思考を信じることのデメリットは？	⑧以前，似たような体験をしたとき，どんな対処をした？	⑫自分自身に対して，どんなことを言ってあげたい？

※ 否定的感情と関連する自動思考を把握したら，その自動思考について，まずは上の問に対して具体的に回答してみます。このように自動思考を，さまざまな角度から検討することが認知療法・認知行動療法では重要なのです。自分のつらい気持ちに気づいたら，このシートに記入して，自動思考を検討してみましょう。

図 8-1　ツール４の下部（ブレインストーミングのための 12 個の質問）

に心理教育することです。そして十分に時間を取れる場合は，ツール4の各質問の欄は小さく，1つか2つしかアイディアが書けないため，別の媒体（コピー用紙，ノート，ホワイトボード，その他何でも）を使って，1番目の質問をめぐってアイディアをバンバン出して書きまくる，次に2番目の質問をめぐってアイディアをバンバン出して書きまくる，というふうに進めていきます。

普段私たちがやっているのは，セッションで1セットないしは2セットの質問に対してとりあえずアイディアを出すだけ出して，ホームワークで同様の1～2セットの質問への追加のアイディア出しをしてきてもらう，という方法です。こういうやり方だと，ツール4のブレインストーミングを一通りやり終えるまでに，数セッション（3セッションから6セッションぐらい）かけることになります。時間をかけられるのであれば，特に1度目の認知再構成法については，これぐらいじっくり取り組む方がよいと私は考えています。そうするとツール4の質問の意味についてクライアントが十分に理解できるようになりますし，じっくりとブレインストーミングに取り組むための認知の柔軟性が高まるからです。ブレインストーミングそれ自体の楽しさも実感してもらえますし。なので時間が許せば，じっくりと取り組んでみてください。

一方で，時間や回数に制約があるなど，そうもいかないケースもあるでしょう。その場合は，別媒体を使わず，ツール4の各質問の欄に，一問一答という感じで（実際には一問二答とか，一問三答とかになるでしょうか），直接書き込んでいけばよいと思います。それであれば1セッションで，12個の問いに対するブレインストーミングをざっと終えることは可能です。勘のよいクライアントであれば，短時間でのブレインストーミングでもすぐにコツをつかんでくれることは少なくありません。丁寧に時間をかけて取り組めるに越したことはありませんが，別媒体を使わずにざっくりとツール4に取り組むのだって，十分に意味があると思います。

伊藤絵美さんのブレインストーミングの例

それでは伊藤絵美さん（私）が実施したブレインストーミングの例を紹介しながら，一つひとつの質問について詳しく見ていきましょう。今回扱うツール3を改めて以下に示します。夜遅く，タクシーが道を間違え，帰宅時間が予定より遅

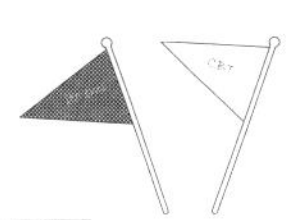

●月●日（金）午後11時過ぎ。打ち合わせの帰り，タクシーの中。空腹。翌土曜日は朝から一日中面接の予約がぎっしりで，できるだけ睡眠を取っておきたい。自宅近くまで来たときに，運転手が道を間違え（曲がり損ねた），はまらなくてもよい渋滞にはまる。時計を見ると，ただでさえギリギリの帰宅予定時間が，さらに30分は遅れ，入眠がかなり遅くなってしまうことに気がついた。車は徐行で，周りは工事でチカチカしている。

怒り　（90%）
イライラ　（90%）
焦り　（90%）
不安　（85%）
悲しい　（70%）
嘆き　（50%）

「こういうときに限って，何で道を間違えるのよ！」（90%）
「一刻も早く帰って，ご飯を食べないといけないのに」（90%）
「ああ，どんどん睡眠時間が減っていく。ちゃんと寝ないと，明日がうんとつらくなってしまう。どうしよう」（85%）
「あああ，何て運が悪いんだろう，やってらんないなあ」（60%）

頭にカーッと血が上る。顔が紅潮する。大げさにため息をつく。何度も時計を見る。謝る運転手に対する返答の声が，トゲトゲしてくる。

図 8-2　伊藤絵美さんのツール３（自動思考の選択までの最終型）

れてしまう，睡眠不足で明日がうんとつらくなりそうだ，という状況において，検討の対象として私が選んだ自動思考は，これでした。

★「ああ，どんどん睡眠時間が減っていく。ちゃんと寝ないと，明日がうんとつらくなってしまう。どうしよう」（85%）

そして，これに関連する気分・感情は，イライラ（90%），焦り（90%），不安（85%）の３つでした。

それでは★マークをつけた自動思考について，最初のセットの質問（①と②）について，ブレインストーミングの例をご紹介しましょう。

まずは①です。これは自動思考の内容の妥当性や根拠や理由を問う質問でしたね。すでに述べましたが，事実だけを挙げることにこだわらず，その人にとっての主観的な理由なども含めて構いません。ブレインストーミングですので，ちょっと的が外れていようが，何だろうが，アイディアをたくさん出しまくることが目的だからです。①の質問については，私は５つのアイディアを出しました。

①の質問（自動思考がその通りであるとの事実や根拠, 理由は？）をめぐるブレインストーミングによって出てきたアイディア

- 実際にそうだから（睡眠不足の翌日は仕事がつらい）。
- タクシーが道を間違えたから，帰宅が遅れて，睡眠時間が減るのは事実。
- 健康維持や仕事のパフォーマンスにとって睡眠が重要なのは事実。
- 私はちゃんと寝ないと体調が悪くなるタイプ。
- 土曜日はあさイチからのぶっ通しのハードワークなので，特に睡眠を取っておきたい。金曜日は飲み会にすら行かないのに。

次に②です。これは自動思考が事実に反していると仮定した場合の，その妥当性や根拠や理由を問う質問でしたね。②について検討する場合は，自動思考をあえて反転させた文章を作ってその根拠を問う，というのが一番やりやすいです。つまり私の自動思考であれば，「睡眠時間はそれほど減らないかも」「ちゃんと寝られるかも」「仮にちゃんと寝られないとしても，明日はさほどつらくないかも」とあえて反対に考えてみるとしたら，そこにどういう根拠があるか？と考えてみるのです。あるいは単純に，「自動思考に反論してみよう」という教示もありです。②の質問についても，私は５個のアイディアを出しました。

②の質問（自動思考に反する事実や根拠, 理由は？）をめぐるブレインストーミングによって出てきたアイディア

- 「どんどん」とは言えども，予定より遅くなるのは30分程度。それぐらい調整できるんじゃない？
- 食事や入浴の時間を削れば，早く入眠できるかも。
- １日ぐらい睡眠時間が短くても，何とか乗り切れる。海外出張中も時差ボケでほとんど寝なかったが，数日間は何とかなった。
- 寝不足は確かにしんどいが，「うんとつらい」というほどではない。
- 夜勤やシフト制の仕事をこなしている人は世の中に大勢いる。

こんなふうに自動思考の内容的妥当性を問う２つの質問に対してアイディアを出してみるのです。

では次のセットの質問（③と④）について，ブレインストーミングの例を紹介しましょう。これらの質問は，自動思考の内容的妥当性に関わらず，それを思うことの，そしてその自動思考を信じることの有用性や機能，つまりメリットとデメリットを問うものでした。③はそのなかでもメリットを問うものです。実はこれが最初はなかなか出づらい。クライアントが「メリット？……うーん……思いつかない」と固まってしまうことがあります。そこでセラピストがこじつけでも

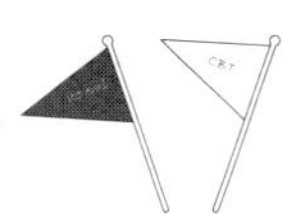

屁理屈でも何でもよいので助け舟を出します。あるいはメリットと言われるとわかりづらいかもしれませんが，その自動思考が出てくるからには，それには何らかの意味や意義や機能があるのではないか，と水を向けてみる。そうやって何でもよいのでアイディアを出してみるのです。③の質問に対しては，私は以下の５つのアイディアを出しました。どれも屁理屈感に満ち溢れていますよね（笑）。

③の質問（自動思考を信じるメリットは？）をめぐるブレインストーミングによって出てきたアイディア

- 危機感にかられ，帰宅してからも早く寝ようとてきぱき行動できるかも。
- 明日の仕事のパフォーマンスが悪くても，「寝不足だから」と言い訳ができるかも。
- 睡眠の大切さを改めて認識し，今後の生活習慣の改善につながる。
- 「昨日はあまり寝ていないからこそ頑張ろう」とかえって気合いが入る。
- 私の危機感が運転手に伝わり，遅れを挽回するために超スピーディに運転してくれるかも。

次の④で問うのは，③とは逆の「デメリット」です。自動思考がいかに有用でないか，いかに非機能的か，自動思考を信じるといかに自分が損するか，といった視点からブレインストーミングを行います。そもそも認知再構成法の対象としてその自動思考が選択されていることからして，クライアントはその自動思考のデメリットを感じているので，こちらは③のメリットに比べれば，アイディアがするすると出てくることが多いです。私自身は，以下の５つを挙げました。

④の質問（自動思考を信じるデメリットは？）をめぐるブレインストーミングによって出てきたアイディア

- ネガティブな気分・感情（イライラ，焦り，不安，悲しい）が強く生じてしまう。
- こういう思いにとらわれてカッカしていることで，かえって眠りが妨げられてしまう。
- こういう思いにとらわれてカッカしているのが運転手に伝わり，車内が険悪な雰囲気になる。
- 睡眠時間に対する思い込みやこだわりが強化されてしまう。
- 金曜日の飲み会に参加できない。金曜日の夜はいつも緊張状態。

次のセット（⑤と⑥と⑦）に進みます。結果について問う質問です。これはさきほどちらっとご説明した通り，「最悪－奇跡」を両端にピン止めして，その間の「現実」についてあれこれ考えてみよう，というコンセプトでしたね。以下の図をイメージしてもらうとわかりやすくなるかと思います。まずは「そんなことあり得ない」ぐらいのレベルの「最悪」について想像します。一方で，同様に「それはいくらなんでもないよね」ぐらいのレベルの「奇跡」について想像します。そ

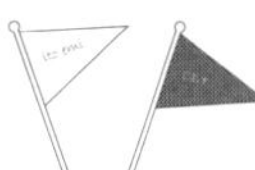

の「あり得ない最悪」と「あり得ない奇跡」の間に，「あり得る現実」「あるかもしれない現実」「最悪に近いけれどもあるかもしれない現実」「奇跡に近いけれどもあるかもしれない現実」「最悪まではいかないけれども，ちょっとよくない現実」「奇跡まではいかないけれども，ちょっとよい方向の現実」「最悪でも奇跡でもない，良くも悪くもない中程度の現実」を，あれこれと想像してみよう，というものです。

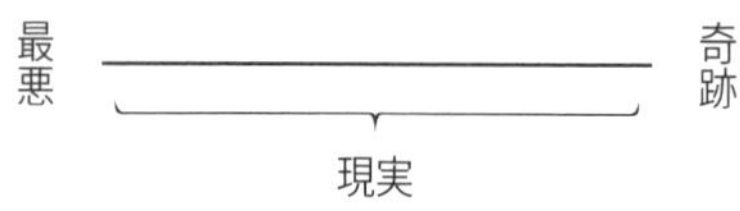

この「結果」とか「現実」ということについては，「状況（タクシーが道を間違えて，帰りが遅くなったり睡眠時間が減ったりする）」と「自動思考（「ああ，どんどん睡眠時間が減っていく……」）」の両方について検討します。それではまずは⑤の最悪についてです。このへんから面白くなってきます。クライアントさんの言う「最悪」って，たいてい最悪じゃないんです。だから「それがもっと最悪になったら？」「もっともっとヤバい結果になるとしたら？」とこちらが煽って，より最悪な結果について想像してもらうのです。それは想像曝露として機能しますし，一方で「実際はここまではこうならないよな」と我に返ることもできますし，何より想像力を働かせることが何だか楽しくなってきます。

では⑤の「最悪」についての私のブレインストーミングによるアイディアを以下に示します。

⑤の質問（最悪どんなことになる可能性があるか？）をめぐるブレインストーミングによって出てきたアイディア

・車内で叫び出す。運転手さんをなじる。はずみで運転がおかしくなって，交通事故。結局一睡もできずに明日出勤することになる。
・逆ギレした運転手が，私を乗せたまま，多摩の山奥まで行き，私は山に捨てられてしまう。電波も届かない場所なので，誰にも助けを求められず，熊に襲われて死ぬ。
・めちゃめちゃ睡眠不足のまま，翌日を迎え，仕事でミスを連発する。クライアントを怒らせ，スタッフにも呆れられ，オフィス経営を続けられなくなる。その結果，路頭に迷う。最終的にはホームレスになって冬に凍死する。
・帰宅しても，怒りと焦りと不安に駆られてヒステリーを起こし，大酒飲んで，夫にからみ続ける。しまいに喧嘩になり，カッとなった私は夫を刺し殺してしまう。刑務所送り。
・帰宅しても，怒りと焦りと不安に駆られてヒステリーを起こし，大酒飲んで，夫にからみ続ける。しまいに喧嘩になり，絶望に駆られた私はマンションのベランダ（9階）か

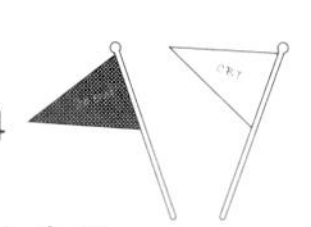

ら身を投げる。しかも死ぬに死ねず，再起不能な大けがをし，痛みに苦しみながら生き続ける。

次に⑥の「奇跡」です。こちらも「最悪」と同様で，おふざけでいいんです。あり得ないぐらいの奇跡的なよい結果を，あれこれと想像してみましょう。では，私自身の⑥の「奇跡」についてのアイディアを以下に示します。

⑥の質問（奇跡が起きたら，どんなすばらしいことになるか？）をめぐるブレインストーミングによって出てきたアイディア

・イライラや焦りでカロリーがめちゃくちゃ消費され，急にスリムなナイスバディになる。
・運転手さんがめちゃめちゃ申し訳ながって，お詫びとして100万円を包んでくれる。
・「一晩ぐらい睡眠が足りなくたって，全然問題な〜い！」という気持ちに急に切り替わり，リラックスして自宅に到着し，かえってリラックスしちゃったので夢のように素晴らしい睡眠が取れてしまい，翌日はスッキリ。最高の仕事ができる。
・ドラえもんにお願いして，睡眠を取らなくても全然平気な体質にしてもらう。今後睡眠について全く気にならなくなる。
・元々のルートで実は大規模な爆発事故があり，多くの車が巻き込まれて人が大勢死んでいたことを，帰宅後，ニュースで知る。道を間違えたことで九死に一生を得たことを知る。

では，「最悪」と「奇跡」という両極端を設定したところで，その間にあり得る無数の「現実」について考えてみましょう。認知再構成法では，ちょっとした過去の体験（数日前とか1週間前とかのエピソード）を扱うことが多いため，その体験について「実際はどういう結果だったか？」というのも，含めるとよいでしょう。あるいは，さきほども申しましたが，「結果」というのは，「その日，そのとき」の結果だけでなく，あるいは「数日後」の結果だけでもなく，1年後，3年後，5年後，10年後にどうなったか，あるいはどうなりそうか，ということも含まれます。そういう長期的なスパンでも検討してみましょう。

それでは私自身の⑦の「現実」についてのブレインストーミングによるアイディアを以下に挙げます。

⑦の質問（現実には，どんなことになりそうか？）をめぐるブレインストーミングによって出てきたアイディア

・30分程度の遅れで帰宅し，ささっと入浴と軽い夕食を済ませて寝て，翌日は若干睡眠不足かもしれないけど，頑張って一日仕事をして，「大変だけど頑張れた」と思って，土曜日の夜はビールで乾杯する。
・「済んだことは仕方がない」「大したことはではない」と次第に思えるようになり，タクシー

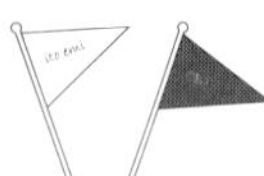

を降りるときには，まあまあ感じのよい人に戻っている。
- 「いつもより多少睡眠が少ないからといって，それが致命的になることはない」と思い直し，何とか乗り切る。
- （実際に起きた結果）タクシー内で呼吸法を行って気持ちを落ち着け，帰宅して急ぎ目に入浴，夕食を済ませて，予定より多少遅いが普通に寝て，翌日は若干睡眠不足だが，普通に仕事を乗り切った。
- （3年後，5年後，10年後？）「なんであの時，あんなにテンパっちゃったんだろう」と思うぐらい，「ちょっとした出来事」として記憶に残るか，忘れてしまうかする。認知再構成法のワークショップのネタにすることができて，ちょっとラッキーかもしれない。

次のセット（⑧と⑨と⑩）に進みます。いわゆる「コーピング・クエスチョン」でしたね。⑧はまず，自分自身のこれまでの対処（コーピング）です。同一の体験だけでなく，近似の体験（似たような体験）もここでは扱います。そしてコーピングには認知的なものと行動的なものの両方があるので，その両方について考えてみるようにしましょう。

では私のネタについて，まず⑧についてのブレインストーミングによるアイディアを紹介します。

⑧の質問（「以前，似たような体験をしたとき，どんな対処をした？」）をめぐるブレインストーミングによって出てきたアイディア

- （タクシーが道を間違えたとき）金曜日の夜じゃなければ，ここまでテンパらない。「まあ，しょうがないよね」とおおらかに受け止められる。運転手さんによっては料金をおまけしてくれたりして，かえって「ラッキー」と思ったりもしたことがある。
- （金曜の夜に用事が入って寝るのが遅くなったとき）「どうしても参加したい飲み会だったからしょうがない。楽しかったから，まあいっか。明日はちょっときついかもしれないけど，頑張ろう」と思って寝た。
- （毎週土曜日は朝が早いことに対して）「それが自分の仕事なんだから，頑張って乗り切ろう」と思うのみ。たまーに土曜日が休みのときのハンパない解放感を味わう。
- （何かにめちゃくちゃイライラしたり不安になったりしたとき）「落ち着こう」と自分に言い聞かせ，腹式呼吸やマインドフルネスのワークを行う。お気に入りのアロマのにおいをかいで，うっとりする。
- （翌日のめちゃくちゃ忙しい仕事を乗り切れるか不安になったとき）「まあ，大変だけど，何とかなるさ。今までだって何とかなってきたんだし」と自分に言い聞かせる。過去，めちゃくちゃ体調が悪かったときに，それでも何とか一日，仕事を乗り切れたときのことを思い出して，「何とかなる！」と自分に言う。

次の⑨の「他の人なら？」という問いは非常に面白くて，「他の人」にはいろいろな人がいるわけですから，それに基づきいろいろな設定をします。「私よりもっとアグレッシブな人だったら？」「私よりもっとおおらかな人だったら？」「私

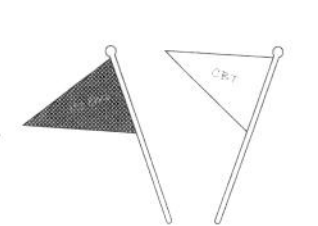

より謙虚な人だったら？」など，いろいろなキャラ設定をするのです。あと，ここで，自分が尊敬する人，あこがれの人，お手本（モデル）にしたい人を設定して，シミュレーションすることもできます。私の場合，山野井妙子さんという登山家と，千葉敦子さんという，もうかなり前に亡くなっているのですが，ずっとお手本にしているジャーナリストを，いつもこの問いでは召喚するようにしています。山野井さんはとってもおおらかでポジティブな人で，千葉さんはとても合理的で問題解決型の人です。さらに「キャラ設定」というのであれば，サザエさん一家を想定して，「サザエさんだったら？」「マスオさんだったら？」「カツオだったら？」「ワカメだったら？」と，あるいはドラえもんシリーズを想定して，「のび太だったら？」「しずかちゃんだったら？」「ジャイアンだったら？」「スネ夫だったら？」「ドラえもんだったら？」というぐあいに，そのシリーズのキャラを総動員して，あれやこれや考えることもできます。今だったら大人気の『鬼滅の刃』のキャラであれこれイメージしてみるのも面白いかもしれません。そしてもちろんセラピストも「他の人」です。ここでセラピスト自身が「他の人」として，「私だったら，こういうコーピングができるかも」と，あれこれ出しまくるのもOKです。

では私自身のネタについて，⑨についてのブレインストーミングによるアイディアを紹介します。

⑨の質問（「他の人なら，どんな対処をすると思う？」）をめぐるブレインストーミングによって出てきたアイディア

- （もっと短気でアグレッシブな人なら）運転手に詰め寄る。「明日の朝は早いんや！　どうしてくれるんや？」と言い募る。
- （もっとおおらかな人なら）「まあ，こんなこともあるよね。イライラしたって仕方がない」と鷹揚に構える。気にしない。
- （もっと謙虚な人なら）「私の言い方が曖昧だったから，運転手さんが間違えてしまったのだろう。今度から気をつけよう」と反省する。
- （山野井妙子さんなら）「いいじゃないの。死ぬわけじゃないし。運転手さんだって悪気は全くないんだし」と気にも留めない。
- （千葉敦子さんなら）「こんな思いにとらわれてずっとイライラしたり不安になったりするのは時間がもったいない。もっと有益なことに時間とエネルギーを使おう」ととっとと気持ちを切り替えて，仕事のことでも考える。

グループCBTで認知再構成法に取り組む場合，チャンスです！　ネタを出した当事者以外のグループメンバーとスタッフ全員が「他の人」に該当するわけで

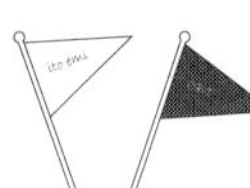

すから，ここで皆さんにもブレインストーミングにじゃんじゃん参加してもらうことができます。これ，うまくマネジメントできると，めちゃくちゃ盛り上がり，グループにとってとてもよい体験となり得ます。当事者は，「皆が自分のためにアイディアを出してくれた」という「もらった」体験となりますし，他の皆にとっては，「人のために頑張ってアイディアを出してみた」という「与えた」体験となります。さらに，他の人の発想ってシンプルにとても新鮮で，面白いものです。「ああ，そういう考え方があったのか」「へえ，そういうアイディアもありなんだな〜」という感じで，自分自身の認知がさらに柔軟になっていくのを感じます。そういうわけで，グループをやっている人には，ぜひ実地で試してみてもらいたいと思います。

そして，このワークショップの参加者の皆様も，当然「他の人」に該当します。チャット機能を使って，この私のネタ（明日のハードな仕事の前日の帰りの時間がとても遅くなっちゃって，睡眠時間が短くなりそうで，どうしよう〜と焦ったりイライラしたり不安になったりしている）に対して，皆さんだったらどのような認知的対処や行動的対処をなさいますか，というアイディアを入力してもらい，私がそれを読み上げますので，皆で共有しましょう。ブレインストーミングなので，ふざけたアイディアでも全く構いません。楽しく取り組んでみてください。どうぞよろしくお願いいたします。

参加者からのアイディア（以下参加者）：とりあえずタクシーで睡眠を取る。
伊藤：なるほど。タクシーで睡眠を取るという発想は私にはなかったです。
参加者：ろうそくの炎を見続けるとよく寝られるので，大丈夫。
参加者：風呂に入らなくても死なないし，今，皆マスクをつけているから臭いを感じない。要は，風呂に入らなければいいじゃん。
参加者：自分がセッション中に寝ちゃったら，クライアントさんが助けてくれるかも。
伊藤：これ，斬新なアイディアですね。
参加者：お風呂でご飯を食べる。
伊藤：これも斬新かも。一石二鳥的な（笑）。
参加者：CBT の練習のチャンスだと思う。
参加者：歯磨きだけして寝てしまおう。
参加者：エナジードリンクを今から死ぬほど飲んで，もう寝ないことにする。
伊藤：寝なければ睡眠が減るとか心配しなくていいですもんね。逆転の発想ですね。
参加者：帰り道のコンビニでエナジードリンクを買って帰る。
伊藤：これは，明日に飲むためのものかしら。エナジードリンク，人気ですね。

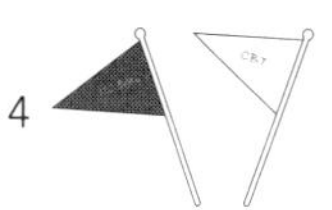

参加者：明日はギリギリまで寝て，朝ごはんを抜く。
参加者：明日は少し昼寝をする。
伊藤：なるほど。今夜ではなく，明日の朝とか昼にリカバリーするのですね。
参加者：いかに早食いに挑戦できるか，と考え直す。
参加者：明日，一人ぐらいキャンセルがあるかもしれない。そこに賭ける。
参加者：寝る時間が減っても死なない，と考える。
参加者：失敗しても死ぬわけではない。
伊藤：本当にそうなんですよね。「死なない」「死ぬわけではない」というのは，究極の思い直しかもしれませんね。
参加者：こんなに可哀そうなことが起きたのだから，明日はいいことがある，と思ってみる。明日，自分にご褒美をあげる。
参加者：明日，眠くなったとしても，コーヒーを飲んで過ごせば何とかなる。
参加者：明日が終われば何日か計画的にだらけよう。
参加者：明日の仕事が終わったら飲むお酒のことを考える。
参加者：明日のわずかな休憩時間にカロリーの高い美味しい飲み物を飲む。フラペチーノ的な。
伊藤：「明日」のコーピングが続きました。今日は今日で置いといて，視点を明日に置く，というのもありですね。
参加者：寝る時間を決めて，時間短縮して食事とお風呂を済ませて寝る。少し寝れば元気になれると考える。
参加者：このイライラで疲れたから，かえってすぐに寝られるかも。
参加者：タクシーの中で我慢したから，帰ったらすぐにビールを飲んで寝てしまおう。
参加者：あきらめて，不貞腐れる。
伊藤：なるほど。あえて不貞腐れるんですね。
参加者：自分の気持ちから相手の気持ちに視点を切り替え，運転手さんの苦労をねぎらう。
伊藤：このとき，これができればよかったですね〜。
参加者：「こんなことがあったのよ〜」とセッションの最初にクライアントに言う。和やかに始まるかも。
伊藤：あえてネタにする，ということですね。
参加者：これ以上考えるのは面倒くさい，やーめた！ということにしちゃう。
参加者：明日頑張って終わったらいっぱい寝るぞ，と。
伊藤：今日じゃなくて，明日寝ればいいということですね。
参加者：お風呂に入浴剤を入れる。
参加者：次はきっといいことがある，と考える。
参加者：全部終わったら，観たかったテレビの録画を観まくろう。
参加者：これだけのことがあったのだから，今日は布団に入ったら気絶するぐらいに早く寝られるかもしれない。
参加者：睡眠不足の翌日に仕事がうまくいかなかったときのことを思い出して，それを教訓に，明日のシミュレーションをしてみる。

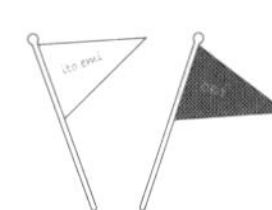

参加者：明日のおやつは３個とか，特別なおやつにする。
参加者：寝るときにプラネタリウムを映していい気分で寝る。
参加者：ワークショップのネタができたと思う。
伊藤：そのときにはそうは思わなかったのですが，確かに今，こうやってネタにしていますもんね。

ここまでにしておきましょう。皆さん，ご協力ありがとうございました。やはり一人でブレインストーミングするより，はるかにずっと多様でユニークなアイディアが出てきました。皆さんも楽しかったでしょう？　この楽しさ,「みんなで参加している感じ」を覚えておいてくださいね。

では次に行きます。⑩の質問です。「この状況に対してどんなことができそうか」というものですが，これは前にも言いましたが，これまでの質問，特に⑧⑨の質問に対するブレインストーミングによってすでに柔軟になった認知を持って，タイムマシンに乗ります。そして認知再構成法のネタとなった状況に戻ります。そして「今の自分だったら，どんな対処（コーピング）ができそうか」と問うのです。私の場合は以下のアイディアが出てきました。ここまでくると，だいぶ，自動思考にやられっぱなしになるのではなく，自分を大事にしたり，視点を切り替えたり，適応的な対処行動を取ったりといったアイディアが出てくるのがおわかりになるかと思います。

⑩の質問（「今だったら，どんな対処ができそう？」）をめぐるブレインストーミングによって出てきたアイディア

- 自分の中に山野井妙子さんと千葉敦子さんを召喚し，「死ぬわけじゃないし，いいじゃないの」「それよりもっと有益なことを考えましょう」と自分に言って，気持ちを切り替える。
- マインドフルネスのワークの中でも，葉っぱのワークか，うんこのワークをする。
- 「金曜日の夜は，どうしてもこういう気持ちになりやすいんだよね。毎週，お疲れ様」と自分に言ってあげる。
- 「一晩ぐらい睡眠が多少短くても，これまでも何とかしてきたんだから，今回だって何とかなるだろう」と思ってみる。
- 入浴と夕食を挟むから寝るのが遅くなるわけで，思い切ってそれらを省いて寝てしまう，というのもありかも。

それでは最後のセット（⑪と⑫）についての解説に進みます。これらについては何らかの形で対話のワークを行います。⑪は「フレンド・クエスチョン（友だち質問）」とよく呼ばれるもので,「その状況で苦しんだり困ったりしているのが,

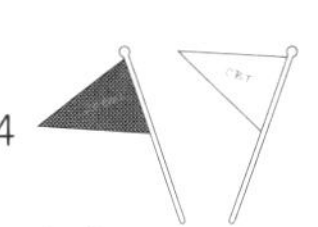

あなた自身ではなく，あなたにとって大切な友だち（あるいは家族，同僚，知人など）だったら，あなたはその人にどんな風に声をかけて，その人を助けようとしますか？」ということをイメージしてもらい，対話をします。具体的な人物（多くは友人）を想定できればその人に対して，具体的に想定できなければ架空の人物に対して，声かけをします。よく行うのはロールプレイです。セラピストが友人役を演じます。クライアントのその友人（セラピスト）を助けるために，あれこれ声かけをします。このロールプレイはガチンコで行います。つまりセラピストは「その状況におかれて，その自動思考が出てきて，困ったり苦しんだりしている友人」をガチで演じるのです。

これはどういうことかと言うと，クライアントが「ダブルスタンダード（二重基準）」を持っていることが多いんですね。つまり，相手が友人だと，突然「大丈夫だよ」「気にしなくてもいいよ」などと言えちゃうんです。自分自身だとそう思えないから苦しんでいるのに，他人だと「大丈夫」と言えちゃうんですよね。でもガチの友人になったセラピストは，クライアントにいきなり「大丈夫」と言われたからといって，「そうか，大丈夫なんだ」とは思えるはずはないんです。大丈夫じゃないから，このネタが選択されているのですから。ですから，ガチの友人になったセラピストは，クライアントに「大丈夫だよ」「気にしなくてもいいよ」と言われると，たいていは「大丈夫なんかじゃない！」「気休め言わないで！」「気にしないでと言われても気になるから，こんなに苦しんでいるんじゃないか！」といった自動思考とそれに伴う反発心がわいてくることが非常に多く，それをそのままクライアントに返すのです。そうなるとクライアントも，「そっか。そうだよね。うーん……でもね，●●●だから，そこまで悩まなくてもいいんじゃない？」などと，一生懸命考えて返してくれます。それに対して，セラピストはさらにガチで返していきます。

こういった本気の対話を落としどころが見つかるまで，続けるのです。これはやってみるとおかわりになるかと思いますが，ガチの対話を続けていくうちに，いつか，どこかで，落としどころが見つかります。お互いに「そうだよね〜」「なるほど，そういう見方なら受け入れられるな〜」という合意にたどり着くのです。時間にして15分とか30分とか，それなりにかかることが多いので，できればある程度の時間をしっかりと確保して行うのがよいでしょう。

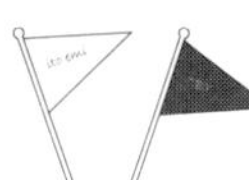

記録の仕方としては，対話をしながら同時に書き留めることができますし，録音や録画をして後で書き起こすこともできます。⑪と⑫のブレインストーミングで出てきたアイディアは，ツール５の「新たな代替認知」としてそのまま使えるものが少なくないので，書き留めるのは結構大変な作業ではありますが，必ず外在化しておく必要があります。

なお前にも言いましたが，この⑪の「フレンド・クエスチョン（友だち質問)」は，子どもの認知行動療法において非常に有用だと言われています。私自身は子どもの臨床をやっておりませんので，子どもを対象に臨床をしている人にはぜひご活用いただき,「やってみたらこうだったよ！」というのを教えていただきたいと思います。

では，私自身の⑪の質問をめぐる対話をご紹介します。私の場合は，自分ひとりでこの対話をしたので，ゲシュタルト療法のチェアワークのような感じで行いました。一つの椅子を「自動思考サイド」，もう一つの椅子を「ヘルシーサイド」として,双方の椅子に順番に座りながら対話を行うのです。「自動思考サイド」を「友人」と見立て,「ヘルシーサイド」に座って,「自動思考サイドの友人」に対して，声かけをします。次に,「自動思考サイド」に座り直して,「ヘルシーサイド」からの声かけに対してガチンコで応答します。その後，再度「ヘルシーサイド」の椅子に戻って，そのガチの応答に対して，さらに応答していきます。私の場合，ワークをしながら，同時にそのやりとりをワードファイルにベタ打ちしていきました。以下はその記録です。私の場合,特定の友人は想定せずに,「Ａちゃん」という架空の友人をイメージして行いました。

ヘルシーサイドの私（以下「私」)：どうしたの？　なんか大変そうね。
自動思考サイドの友人のＡちゃん（以下「友人」)：タクシーが道を間違えちゃったの。……ああ，どんどん睡眠時間が減っていく。ちゃんと寝ないと，明日がうんとつらくなってしまう。どうしよう。
私：それは大変だね。道を間違えちゃった分，寝る時間が遅くなっちゃうのかな？
友人：そうなの。明日は朝からずっと仕事の予定が詰まっていて，大変だから，たくさん寝ておきたいのに！
私：そっかあ。それで今，とてもイライラしたり焦ったり不安になったりしているんだね。
友人：そうなの。もう，どうしたらいいの！
私：どうしたらいいと思う？

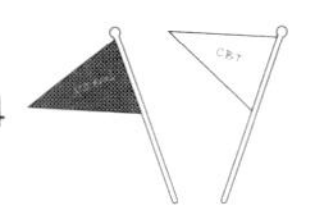

友人：それがわかんないから，こんなに焦ってるんじゃん！

私：そうだよね，ごめんごめん。どうしたらいいかねえ。本当は何時に寝るはずだったの？

友人：だいたい，こんなに帰りが遅くなるとは思っていなかったんだよ。打ち合わせが終わるのがものすごく遅くなっちゃって。でもタクシーを呼んでもらったし，12時には家に着くと思っていたの。12時に着けば１時には寝られるかなって。

私：でも道を間違えちゃったから，12時に着くことが難しくなっちゃったのね。

友人：そうなの。だから寝るのが遅くなっちゃうって焦っているの！

私:今，何が一番つらいの？　睡眠が短くなること？　それとも今，焦っていること？

友人：うーん，睡眠はもうしょうがないかもしれない。明日だけのことだし，別に徹夜で仕事に行くというわけでもないし。

私：そっかあ。じゃあ睡眠については，確かに十分に取れないことになってしまって残念ではあるけれども，「明日だけのことだし，徹夜するわけじゃないし」と思うことができるのね。

友人：まあ，ねえ。４～５時間寝れれば，なんとかなるでしょ。

私：ということは，むしろ今焦っていること自体がつらかったりするわけ？

友人：そうかもね。だってびっくりするぐらい，頭に血が上っちゃって，カッカカッカしちゃってるんだもん。こんな状態で家に帰りたくない。

私：そうか。今，まさに焦ってカッカしてイライラしているのがつらいのね。どうしたらいいかねえ？

友人：何かアイディアはないの？

私：そうね，たとえば，目を開けていると工事のチカチカが目に入ってきて，ますます落ち着かなくなりそうだから，まず，目を閉じてみましょうか。

友人：うん，そうしてみるね。

私：：それから，次々と浮かんでくる自動思考を川を流れる葉っぱにのせるワークとか，自動思考をうんことみなしてトイレに流しちゃうワークもできるし，自動思考は放っておいて，呼吸や体の感覚に集中するマインドフルネスのワークもできるし，Ａちゃんはどうしてみたい？

友人:うーん，そうだな。今日は疲れているから，川やトイレのイメージは負担かも。呼吸に集中するワークがいい。

私：じゃあ，そうしましょうか。睡眠の件については，「明日だけのことだし，徹夜するわけじゃないし」と割り切って考えることにして，あとは家に着くまで，タクシーの背もたれに身体を預けて，目を閉じて，吐く息や吸う息に集中してみましょう。

友人：わかった。やってみる。

私：（しばらく様子を見て）今，どんな感じですか？

友人：だいぶ落ち着いてきた。このまま到着するまで，目を閉じて呼吸を続けていたい。

私：わかった。ぜひそうしてみてね。付き合ってくれてありがとう。じゃあね，またね！

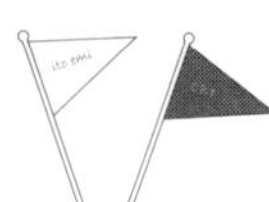

友人：こちらこそありがとう。ではまたね！

対話のワークはここまでです。最初は反発していた友人（Aちゃん）が，対話を通じて次第に軟化するというか，ソリューションを見つけて落ち着いてきたのが，おわかりいただけたでしょうか。本当に面白いのですが，ガチで対話をしているうちに，どこかで必ず互いに「こんか感じならいいか」「こう思えばいいのか」「自分はこれに引っかかっていたのか」「こんな対処法なら，まあいっか」と腑に落ちる瞬間が必ず来ます。いわゆる「落としどころ」が見つかる感じでしょうか。そこまで頑張って対話を続けてみることが大事です。

それでは最後の⑫の質問です。自分を２つに分割して，「自動思考サイド」と「ヘルシーサイド」で対話をします。セラピストとクライアントとの対話なら，通常，セラピストが自動思考モードを演じてロールプレイをします。クライアントは「ヘルシーサイド」として，自動思考モードに陥って苦しんでいるセラピストをレスキューするのです。ここまで①から⑪までの質問をめぐってすでにたくさんのアイディアが出まくっていますから，それらを活用しながら対話を行うことができます。

ロールプレイではなく，ゲシュタルト療法のチェアワークを行うのもありです。すなわち椅子を２つ用意して，「自動思考サイド」の椅子と「ヘルシーサイド」の椅子を，クライアントが行ったり来たりしながら，対話を行うのです。それからイメージを使った対話のワークもできます。「ヘルシーサイド」のクライアントがタイムマシンに乗って，「自動思考サイド」に陥っている状況に行って，その時の自分（すなわち「自動思考サイド」の自分）の肩をポンポンと叩いて，「ねえ，ねえ」と声をかけて，その自分をレスキューするのです。さきほどの⑪のブレインストーミングと同様，「自動思考サイド」はさほど簡単に説得されず，「ヘルシーサイド」に声かけされた当初は，「でも」「だって」と反発してくることはよくあります。しかし，さきほどの例でも示したように，ガチで対話を続けるうちに，やはり落としどころが自然と見つかってきます。これもとても面白いので，ぜひ皆さんもトライしてみてください。

実際に私がやったのは，このイメージを用いた対話のワークでした。それを以下に紹介します。

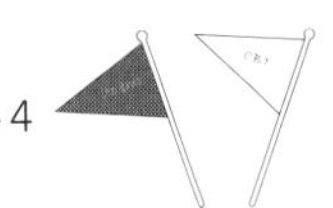

ヘルシーサイドの自分（以下，「ヘルシーサイド」：どうしたの？　とっても落ち着きがないみたいだけど。

自動思考サイドの自分（以下，「自動思考サイド」）：運転手が道を間違ったのよ！　もう，とっとと早く帰りたいのに！　このままだと，どんどん睡眠時間が減っていく。ちゃんと寝ないと，明日がうんとつらくなってしまうのに。もう本当にどうしよう！　嫌になる！

ヘルシーサイド：ずいぶん荒れているのね。何が一番気になるの？

自動思考サイド：寝るのが遅くなっちゃうこと。だって明日は土曜日だよ。一日中ものすごく大変なのに。

ヘルシーサイド：寝るのが遅くなると，明日，どうなっちゃうの？

自動思考サイド：睡眠不足で一日中カウンセリングのセッションを続けるのって，すごくしんどいんだよ。それを心配しているの。

ヘルシーサイド：そっかあ。運転手さんが道を間違えたことで，睡眠時間が減っちゃうことを心配しているのね。具体的にはどれぐらいになっちゃうの？

自動思考サイド：今から帰るでしょ。家に着くのは12時過ぎるでしょ。お風呂入って，ご飯も食べて寝るとしたら，２時ぐらいになっちゃうかも。明日は６時には起きないといけないのに。

ヘルシーサイド：２時に寝て６時に起きるとなると，ちょっときついかな。

自動思考サイド：ちょっとどころじゃないよ！　４時間睡眠は私にはきついなあ。普通の日だったらともかく，明日は土曜日だから。

ヘルシーサイド：お風呂やご飯の時間を短縮することは可能なの？

自動思考サイド：うーん……，家に帰ってからのお風呂やご飯は，私にとってはコーピングとして大事なの。だからちゃんとお風呂に入って，ちゃんとご飯を食べたいんだけどな。

ヘルシーサイド：けど？

自動思考サイド：お風呂の時間は短縮できるかも，もう今日はパスしてもいいかも。明日の朝，気になったらシャワーを浴びればいい。

ヘルシーサイド：おお！　すごいね。そしたらお風呂の時間を省けるかもね。ご飯はどうする？

自動思考サイド：今，めちゃめちゃ腹ペコだけど，こんな夜中にがっつり食べたら，それこそ睡眠が浅くなるし，時間もかかるし，よくないかも。美味しいものをゆっくり食べるのは，明日，仕事が終わってからでもいいかもしれない。

ヘルシーサイド：何を食べたり飲んだりしようか？

自動思考サイド：野菜をちょっと食べて，チーズとかハムもちょっとつまみたい。だったらワインも少しだけ飲もうかな。

ヘルシーサイド：それだとあまり時間がかからない？

自動思考サイド：かからないかなあ。なんか自分の気持ちがわかってきた。ゆっくり夕ご飯を食べたかったのに食べられないからイライラしてたんだ！

ヘルシーサイド：なるほど！　そうだったんだ。

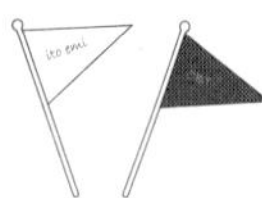

自動思考サイド：タクシーのせいにしたけど，そもそも打ち合わせがこんなに遅くまでかかるとは思っていなかったんだよね。もっと早く家に帰って，ゆっくりお風呂に入ってご飯食べて寝たかったんだよね。

ヘルシーサイド：睡眠のことだけじゃなかったんだ。

自動思考サイド：そうみたい。金曜日の夜に，明日のこと考えて焦って過ごすこと自体が好きじゃないんだよね。

ヘルシーサイド：そうだったんだ。

自動思考サイド：そう，だから本当は金曜日の夜に打ち合わせを入れること自体気が進まなかったんだよね。

ヘルシーサイド：そうだったんだ。

自動思考サイド：でも，いろいろ事情があって，今日しかなかったんだよね。しかも今回の打ち合わせは，新たに本を書くという大事な仕事だし，だから時間がかかってしまうのも仕方がないんだよね。というか，遅くまで付き合ってくれる編集者さんにもありがたいと思わなきゃいけないよね。

ヘルシーサイド：なんか，いろいろ気づきがあるね～。どちらが「ヘルシー」なんだか，わからなくなってきた（笑）。

自動思考サイド：そう考えると，今，ここでカリカリしてもしょうがないし。明日の仕事が若干きつくても，何とかなるということも知っているし。コーヒー飲めばしゃきっとするしね。

ヘルシーサイド：なんか，ずいぶんさっきと心もちが違うような……

自動思考サイド：そうだね。なんであんなにカリカリ，イライラしちゃったんだろう。自分でもわからない（笑）。

ヘルシーサイド：じゃあ，今の心もちをまとめておこうか。言ってみて！

自動思考サイド：今日はお風呂に入らない！　野菜とチーズとハムを白ワインで美味しく食べて，歯を磨いて，顔洗って寝る！　だったら１時には寝れると思う。

ヘルシーサイド：それから？

自動思考サイド：それでも５時間睡眠だから，明日は若干きついと思うけど，５時間寝てれば，なんとかなるでしょう。コーヒー飲んで乗り越えよう！

ヘルシーサイド：それから？

自動思考サイド：遅くなったのは運転手さんのせいじゃなくて，いい本を出したいという私と編集者さんの熱意の賜物だったんだから，全然いいじゃん！　私が頑張っていい本を書けばいいんだよ！

ヘルシーサイド：おお！　頑張っていい本を書いてね！

自動思考サイド：よっしゃ！　なんか元気になってきたぞ！

ヘルシーサイド：まあ，夜中にあまり元気になりすぎるのも何だから，今日はこれぐらいにしておこうかね？

自動思考サイド：そうだね。気持ちがすっかり切り替わったよ。ありがとね！

ヘルシーサイド：こちらこそ，対話してくれてありがとう。またね！

自動思考サイド：うん，こちらこそありがとね。またぜひ来てね！

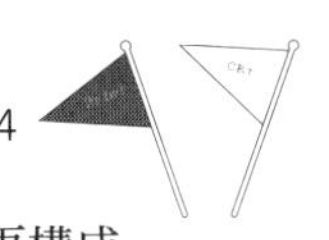

対話は以上です。私，実はこの「タクシー事件」については，この認知再構成法のためのツール3を，10数年前に作ったきりで，ツール4，ツール5の作業に進むのをずっとサボっていたんです。それが今回，認知再構成法のワークショップを全面リニューアルするにあたって，せっかくなら私自身のネタでツール4のブレインストーミングをガチで実施して，皆さんにお示ししようと思って，3時間ほど時間を使って集中的にこのブレインストーミングを行いました。そして特にこの⑫の対話のワークをやってみて，思いもかけない新たな思考に発展したので，びっくりしてしまいました。それまで「タクシーが」「寝る時間が」「明日の仕事が」という視野の中で「どうしたもんか」と考えあぐねていたのに，なんと「風呂に入らなければいいじゃん！　だったら早く寝られるじゃん」だけでなく（このアイディアだって，結構いいものだと思います)，「そもそもいい仕事をするためにこうなった。だからいい仕事をすればいいじゃないか！」というアイディアが出てくるとは，全く予想していませんでした。対話自体がとても楽しかったですし，まだツール5は作っていないこの時点で，すっかり気分が変わり，エネルギーが湧いてきて，すがすがしい気持ちになりました。「脳内対話でも，ここまで引き出されるのか！」と対話のパワーにあらためて驚きました。そういうわけで，全てのブレインストーミングが楽しいものですが，特に⑪⑫の対話のワークの楽しさは，ぜひ皆さんに体験してもらいたいと思います。

最後に,「仕事ばかりかピアノまで自分はまともにできないんだ」という自動思考を選択したAさんのツール4をお示しします（図8-3)。このケースでは，私のような徹底したブレインストーミングではなく，ツール4に2つ3つアイディアを書き出す，という簡易なブレインストーミングを行いました。「ひとまずざっくりと認知再構成法を体験してみたい」という場合，そして徹底したブレインストーミングを行う時間的余裕がない場合は，ツール4に各質問をめぐるアイディアを直接いくつか書き出す，という方法でもよいと思います。

自動思考検討シート：否定的感情と関連する自動思考について検討する

1．具体的場面：最近，ひどくストレスを感じた出来事や状況を1つ選び，具体的に記述する

先週の土曜日のピアノレッスンにて（中略）。先生に「もういいです。忙しいのは分かるけど、発表会もあるんだし、今から練習を進めておかないと、間に合わなくなっちゃうわよ」と言われた。その帰り道、電車のつり革につかまりながら、先生に言われたことを思い出していた。

2．気分・感情とその強度（%）

落ち込み　90%
悲しい　90%

3．自動思考（考え・イメージ）とその確信度（%）

「仕事ばかりかピアノまで自分はまともにできないんだ」　90%

＊＊

4．自動思考の検討：さまざまな角度から，自動思考について考えてみます

自動思考がその通りであるとの事実や根拠（理由）は？ レッスンで上手く弾けなかった。先生にこのままだと間に合わないといわれた。毎日練習することができていない。	最悪どんなことになる可能性があるか？ 「こんなじぶんは生きていてもしょうがない」と考え，そのまま家に帰らず失踪する。自殺する。仕事もピアノも辞めて廃人になる。	他の人なら，この状況に対してどんなことをするだろうか？ 「こんなときもある」と自分を慰める。先生の前で泣く。家に帰って大泣きする。一晩寝て忘れる。体調の悪い日は練習を休む。
自動思考に反する事実や根拠（理由）は？ こんな状態なのにピアノの練習は続けている。先生は私に期待してくれている。上手く弾けるときもある。	奇跡が起きたら，どんなすばらしいことになるか？ 完全に開き直る→「仕事もピアノも出来なくて何が悪い！」 急に仕事やピアノが素晴らしくできる人間になる。	この状況に対して，どんなことができそうか？ 「済んだことはしょうがない」と気を取り直して練習を続ける。あまりにも辛かったら先生に相談し，発表会に出ないことにする。
自動思考を信じることのメリットは？ うぬぼれなくて済む。謙虚になれる。気を引き締めてピアノの練習をする。	現実には，どんなことになりそうか？ 家に帰りご飯を食べて寝る。寝ると少しは気分が変わる。ときに落ち込みながらもピアノの練習を続ける。	もし＿＿＿＿＿（友人）だったら何と言ってあげたい？ そう思っているとさらに辛くなってしまうよ。あなたはちゃんと努力して評価もされている。出来る時に練習すればいいじゃない。
自動思考を信じることのデメリットは？ 自分を嫌いになる。反すうやひどい気分が続く。電車の中なのに泣きそうになる。ピアノの練習を放棄するかもしれない。	以前，似たような体験をしたとき，どんな対処をした？ 「自分は自分。仕方がない」と自分に言い聞かせた。甘いもの食べて気を紛らわせた。気を取りなおして練習を続けた。	自分自身に対して，どんなことを言ってあげたい？ 上手く弾けなかったことはこれまでにも沢山ある。今はうつだからこう思っちゃうんだ。反すうを止めて気持ちを切り替えよう。

※ 否定的感情と関連する自動思考を把握したら，その自動思考について，まずは上の問に対して具体的に回答してみます。このように自動思考を，さまざまな角度から検討することが認知療法・認知行動療法では重要なのです。自分のつらい気持ちに気づいたら，このシートに記入して，自動思考を検討してみましょう。

備考：

図 8-3　Aさんの作成したツール4

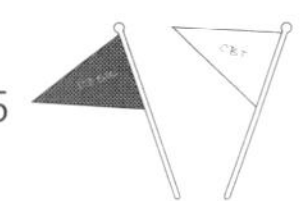

§9 代替思考の案出と効果の検証
――ツール５

最後のツール

それではツール５のほうに話を進めます。まずツール５を再掲します。

ツール５の左上には，ツール４の上部と同じことを記入します。左下にはツール４と同様の 12 個の質問がリスト化されています。ツール５の右側には，新たな思考（代替思考），英語だと「alternative thought」と呼びますが，ツール４のブレインストーミングで出てきたアイディアのなかから，自分が気に入ったもの，「こういうふうに考えてもいいな」と思えるものを選び，KJ 法的にグループ

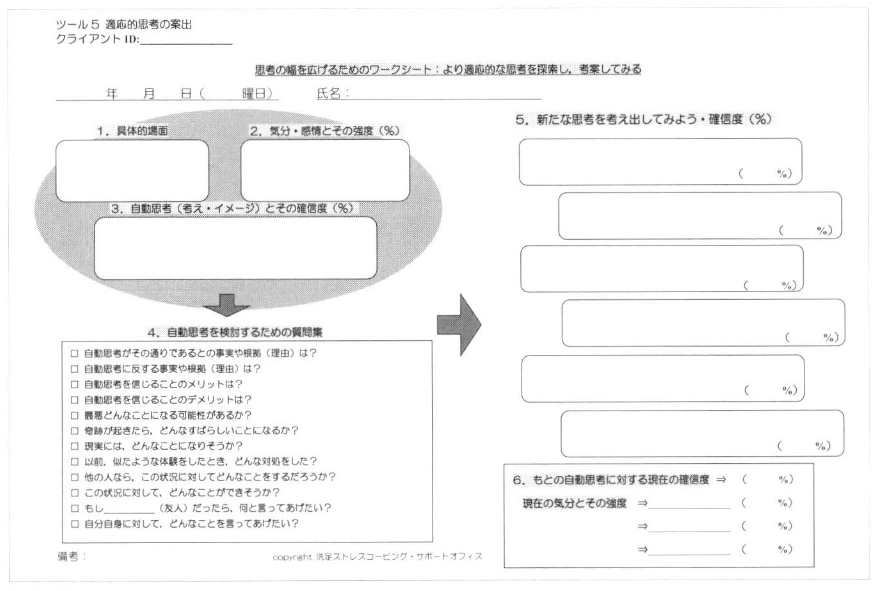

ツール５ 適応的思考の案出
クライアント ID:＿＿＿＿＿＿

思考の幅を広げるためのワークシート：より適応的な思考を探索し，考案してみる

＿＿年　月　日（　曜日）　氏名：＿＿＿＿＿＿

1．具体的場面

2．気分・感情とその強度（%）

3．自動思考（考え・イメージ）とその確信度（%）

4．自動思考を検討するための質問集

- □ 自動思考がその通りであるとの事実や根拠（理由）は？
- □ 自動思考に反する事実や根拠（理由）は？
- □ 自動思考を信じることのメリットは？
- □ 自動思考を信じることのデメリットは？
- □ 最悪どんなことになる可能性があるか？
- □ 奇跡が起きたら，どんなすばらしいことになるか？
- □ 現実には，どんなことになりそうか？
- □ 以前，似たような体験をしたとき，どんな対処をした？
- □ 他の人なら，この状況に対してどんなことをするだろうか？
- □ この状況に対して，どんなことができそうか？
- □ もし＿＿＿＿（友人）だったら，何と言ってあげたい？
- □ 自分自身に対して，どんなことを言ってあげたい？

5．新たな思考を考え出してみよう・確信度（%）

（　%）
（　%）
（　%）
（　%）
（　%）
（　%）

6．もとの自動思考に対する現在の確信度 ⇒（　%）
現在の気分とその強度 ⇒＿＿＿＿（　%）
⇒＿＿＿＿（　%）
⇒＿＿＿＿（　%）

備考：

copyright 洗足ストレスコーピング・サポートオフィス

図 9-1　ツール５（代替思考の案出と効果の検証）

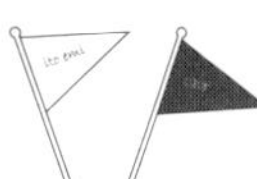

化したりしてまとめ上げた新たな思考を外在化していきます。代替思考を記載する枠は６つですが，それには深い理由はなく，スペース的にたまたま６つになりました。とはいえ，１つか２つだけでなく，より多くの代替思考を出せた方が，自動思考の存在感が相対的に減るので，できれば６つ，そこまでいけなくても５つか４つ，新たな思考を出してみるとよいかと思います。代替思考についてはそれぞれ，確信度をパーセントで記入します。確信度がそれなりに高いほうが望ましいですが，今は高くなくても，その新たな思考を気に入っていたり「そう思えるといいな」と感じていたりしているのであれば，さほど高くなくてもよいのではないかと思います。

ツール５の右下が「効果検証」の欄です。ここでもイメージを使って，タイムマシンに乗って自動思考が生じた現場に戻り，自動思考サイドの自分に，「ねえ，ねえ」と声をかけ，新たな代替思考を一つひとつ心をこめて自動思考サイドの自分に読み上げます。そのうえで，自動思考に対する今現在の確信度に，あらためて数字をパーセントでつけてみます。大抵は，もともとの自動思考の確信度よりは大幅に，あるいは多少ともあれ下がることになります。まれに「全く下がらない」「代替思考はそれなりに出せたけれども，自動思考の確信度は変わらない」という場合もありますが，それはそれでよいのではないかと思います。それだけその自動思考がその人にとって何らかの意味があるということなのでしょうし，たとえ確信度の変わらない自動思考がそこにあるとしても，それに対抗しうる代替思考を複数出せたことに意味があるからです。たまーに，本当にごくたまーにですが，セラピストに配慮（忖度？）して，自動思考の確信度をサービスで下げてくれようとするクライアントがおられますが，その場合は「私への配慮は無用です」「サービスしないでくださいね」と言って，クライアントが真に感じる確信度の数字を教えてもらうようにしてください。ちなみに，自動思考の確信度が全く変わらないということは，さっきも申し上げた通りたまーにありますが，自動思考の確信度がかえって上がっちゃった，という現象には，私自身は一度も遭遇したことがありません。

自動思考の確信度の変化を検証したうえで，次に，自動思考に関連する気分・感情の強度の変化や，代替思考を出したことによって新たに生じた気分・感情とその強度についても検証し，外在化します。ここまでがツール５の作業です。大雑把に言えば，代替思考を案出し，一連の認知再構成法の流れを振り返り，効果

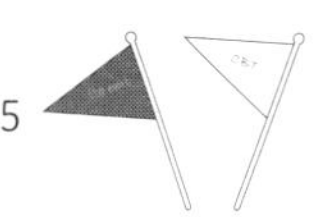

検証をするのが，このツール５の目的です。

代替思考の案出の例：伊藤絵美さんの場合

では，私自身の「タクシー事件」では，どのような代替思考が案出されたのか，以下に提示します。

- 「いい本を書くために打ち合わせをしてたら，こんなに遅くなっちゃったんだもんね。この経験も含めて，せっかくだからいい本を書いてみようよ！」(99%)
- 「毎週土曜日のお仕事お疲れ様。大変だよね。だからたくさん寝て，よいコンディションを作りたいんだよね。その気持ちは大事だけど，毎週金曜日の睡眠時間にあまりにもこだわるのはもったいないよ。そこそこ寝られれば大丈夫，ぐらいに思っておこう」(95%)
- 「今日はお風呂は省略して，夕食もチーズとハムと野菜の簡単なものにして，だけどせっかくだから美味しい白ワインをマインドフルに飲んで，リラックスして眠りにつこう」(100%)
- 「今，ここで（タクシーの中で）カッカしてもしょうがない。目を閉じて，リラックスして，家に着くまで，呼吸のマインドフルネスを続けてみよう」(100%)
- 「山野井妙子さんに『死ぬわけじゃないし，いいじゃないの』と言ってもらうことと，千葉敦子さんに『それよりもっと有益なことを考えましょう』と言ってもらうことをイメージしよう」(90%)
- 「海外出張では，ひどい時差ボケで睡眠時間がめちゃくちゃ少なくても何とかなってたじゃん。明日はちょっとしんどいかもだけど，コーヒー飲んで乗り切ろう！」(90%)

確信度が90パーセント以上の代替思考を６つ，ツール５的にはフルで創り出すことができました。これらはツール４のブレインストーミングですでに出てきていたアイディアをそのまま使ったり，ちょっとアレンジしたりしてまとめたもので，ツール５に外在化する時点では，ほとんど労力を使っていません。ツール４のブレインストーミングが豊かにしっかりとできていれば，ツール５のこの部分は，さほど苦労せずにできることが，おわかりいただけるかと思います。

それでは最後の検証の作業です。さきほども言いました通り，私はこれらの代替思考を携えてタイムマシンに乗って，自動思考が生じた「タクシー事件」の状況を訪れました。そして「ああ，どんどん睡眠時間が減っていく。ちゃんと寝ないと，明日がうんとつらくなってしまう。どうしよう」という自動思考を85パーセントの確信度で抱いている「自動思考サイド」の自分に，「ねえ，ねえ」と声をかけ，上記の６つの代替思考を，心をこめて語りかけます。そのうえで，「今は，もとの自動思考をどれぐらい確信している？」と「自動思考サイド」の自分

に尋ねるのです。その結果，「自動思考サイド」はかなりトーンダウンして，「うーん，40パーセントぐらいかな」と答えてくれました。そういうわけで，ツール5の右下の「もとの自動思考の確信度」のところに「40%」と記入します。このぐらいの下がり方で十分だと思います。

そして，自動思考の確信度が半減した結果として，もとの気分・感情がどう変化したのか検証すると，もともと90パーセントだった「イライラ」が15パーセント，同じく90パーセントだった「焦り」が30パーセント，85パーセントだった「不安」が30パーセント，70パーセントの「悲しい」が5パーセント，だということがわかりました。そこでツール5の右下に以下のように書き入れます。欄が足りないので，空欄にも書き足します。

イライラ（15%）
焦り（30%）
不安（30%）
悲しい（5%）

さらに，代替思考を生み出したことによって，新たな気分・感情が生じました。それらもツール5の右下に追加で書き足します。

受け入れ（90%）
リラックス（70%）
安心感（80%）
やる気（70%）

いくつものポジティブな気分・感情が新たに湧き出ていることがわかりますね。ちょっと出来過ぎな感じがしないでもないですが，実際にこのワークをしたときに，これらのポジティブな感情が出てきたことは事実です。そういうわけで，私自身の「タクシー事件」の認知再構成法は大成功でした。自画自賛で恐縮です(笑)。

代替思考の案出の例：田中洋子とAさんの場合

それでは専門学校の事務職員の田中洋子さんのツール5を紹介します。保護者から電話で叱られたという状況に対して，電話を切った後に生じた「私の対応が

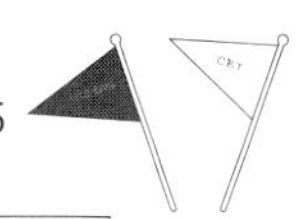

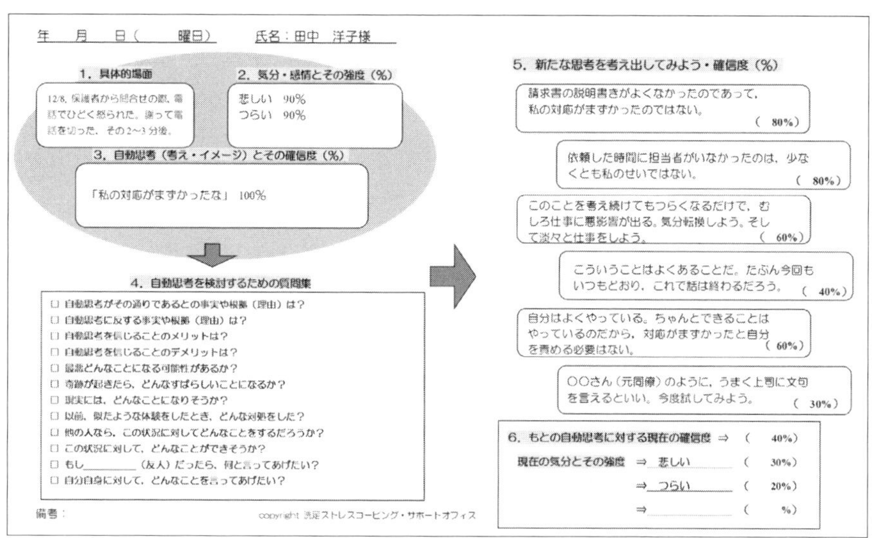

年　月　日（　　曜日）　氏名：田中　洋子様

1．具体的場面

12/8，保護者から問合せの際，電話でひどく怒られた。謝って電話を切った，その2〜3分後。

2．気分・感情とその強度（%）

悲しい　90%
つらい　90%

3．自動思考（考え・イメージ）とその確信度（%）

「私の対応がまずかったな」100%

4．自動思考を検討するための質問集

- □ 自動思考がその通りであるとの事実や根拠（理由）は？
- □ 自動思考に反する事実や根拠（理由）は？
- □ 自動思考を信じることのメリットは？
- □ 自動思考を信じることのデメリットは？
- □ 最悪どんなことになる可能性があるか？
- □ 奇跡が起きたら，どんなすばらしいことになるか？
- □ 現実には，どんなことになりそうか？
- □ 以前，似たような体験をしたとき，どんな対処をした？
- □ 他の人なら，この状況に対してどんなことをするだろうか？
- □ この状況に対して，どんなことができそうか？
- □ もし＿＿＿＿（友人）だったら，何と言ってあげたい？
- □ 自分自身に対して，どんなことを言ってあげたい？

備考：

copyright 洗足ストレスコーピング・サポートオフィス

5．新たな思考を考え出してみよう・確信度（%）

請求書の説明書きがよくなかったのであって，私の対応がまずかったのではない。（80%）

依頼した時間に担当者がいなかったのは，少なくとも私のせいではない。（80%）

このことを考え続けてもつらくなるだけで，むしろ仕事に悪影響が出る。気分転換しよう。そして淡々と仕事をしよう。（60%）

こういうことはよくあることだ。たぶん今回もいつもどおり，これで話は終わるだろう。（40%）

自分はよくやっている。ちゃんとできることはやっているのだから，対応がまずかったと自分を責める必要はない。（60%）

○○さん（元同僚）のように，うまく上司に文句を言えるといい。今度試してみよう。（30%）

6．もとの自動思考に対する現在の確信度 ⇒（40%）

現在の気分とその強度 ⇒ 悲しい（30%）
⇒ つらい（20%）
⇒ ＿＿＿（　%）

図9-2　田中洋子さんと作成したツール5

まずかったな」（100%）という自動思考を選択し，ツール4でブレインストーミングを行い（田中さんのブレインストーミングは記載を省略します。お知りになりたい方は『認知療法・認知行動療法面接の実際（星和書店)』をご参照ください)，それが次のようなツール5（図9-2）に結実しました。

さらにピアノの先生に注意されて電車の中で反すう状態に陥ってしまったAさんのツール5も以下に紹介します（図9-3)。

田中さんもAさんも，従来の自動思考とは別の，さまざまな代替思考を生み出し，その結果，自動思考の確信度と元々の気分・感情の強度が下がったり，新たな気分・感情が生じたりしていることがおわかりになるでしょう。

ここまで，一連の認知再構成法の手続きを丁寧に紹介してきました。ツール4のブレインストーミングにどれだけ時間と手間をかけるかによって，認知再構成法の一連の流れに要する時間やセッション数が変わってくることが，おわかりいただけたかと思います。ざっくりと取り組むとしたら，だいたい2セッションから3セッション，じっくりと取り組むとしたら5セッションから10セッションぐらいかかる，というのが一つの目安だと思います。いずれにせよ，あまり雑に

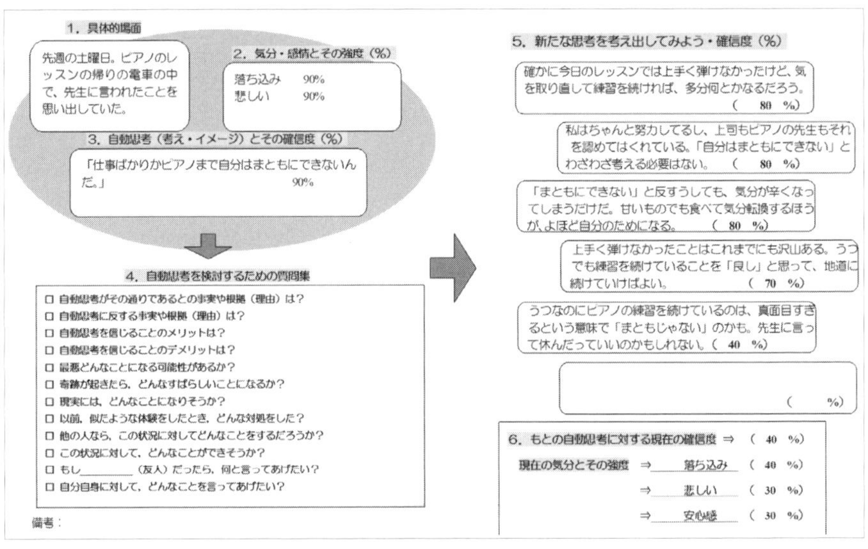
1．具体的場面

先週の土曜日。ピアノのレッスンの帰りの電車の中で、先生に言われたことを思い出していた。

2．気分・感情とその強度（%）

落ち込み　90%
悲しい　90%

3．自動思考（考え・イメージ）とその確信度（%）

「仕事ばかりかピアノまで自分はまともにできないんだ。」　90%

4．自動思考を検討するための質問集

- □ 自動思考がその通りであるとの事実や根拠（理由）は？
- □ 自動思考に反する事実や根拠（理由）は？
- □ 自動思考を信じることのメリットは？
- □ 自動思考を信じることのデメリットは？
- □ 最悪どんなことになる可能性があるか？
- □ 奇跡が起きたら，どんなすばらしいことになるか？
- □ 現実には，どんなことになりそうか？
- □ 以前，似たような体験をしたとき，どんな対処をした？
- □ 他の人なら，この状況に対してどんなことをするだろうか？
- □ この状況に対して，どんなことができそうか？
- □ もし＿＿＿＿（友人）だったら，何と言ってあげたい？
- □ 自分自身に対して，どんなことを言ってあげたい？

備考：

5．新たな思考を考え出してみよう・確信度（%）

確かに今日のレッスンでは上手く弾けなかったけど、気を取り直して練習を続ければ、多分何とかなるだろう。（　80　%）

私はちゃんと努力してるし、上司もピアノの先生もそれを認めてはくれている。「自分はまともにできない」とわざわざ考える必要はない。（　80　%）

「まともにできない」と反すうしても、気分が辛くなってしまうだけだ。甘いものでも食べて気分転換するほうが，よほど自分のためになる。（　80　%）

上手く弾けなかったことはこれまでにも沢山ある。うつでも練習を続けていることを「良し」と思って、地道に続けていけばよい。（　70　%）

うつなのにピアノの練習を続けているのは、真面目すぎるという意味で「まともじゃない」のかも。先生に言って休んだっていいのかもしれない。（　40　%）

（　　%）

6．もとの自動思考に対する現在の確信度 ⇒（　40　%）

現在の気分とその強度 ⇒ 落ち込み（　40　%）
⇒ 悲しい（　30　%）
⇒ 安心感（　30　%）

図 9-3　Aさんと作成したツール5

やらないように気をつけてください。雑な取り組みは雑な結果しか生みません。時間がなければツール３から５までを雑に無理やりやるよりは，ツール３だけにその時間をかけてしっかりと取り組む方がベターだと思います。

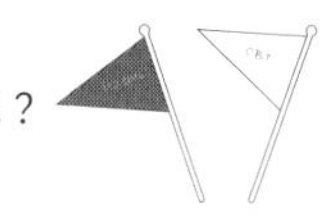

§10

一通り終えた後は？

それでは，ざっくりとであれじっくりとであれ，認知再構成法の一連の手続きを一通り終えた後は，どのようにするとよいでしょうか？

十分に時間をかけられる場合は，ツール3，4，5を用いた丁寧な認知再構成法を，計3クールほど，じっくりと行うのがよいと思います。ブレインストーミングやツール5の作業については，最初はセッション中心，ホームワークでフォローする形式で行いますが，次第にホームワークの比重を増やしていくことができます。個人差がありますが，3クールほど，しっかりと取り組めば，クライアントが認知再構成法についての考え方やスキルを習得できるので，その後は，ホームワーク中心で取り組み続けてもらえばよいでしょう。

とはいえ，ツール3，4，5にしっかりと取り組むと，かなりの時間がかかります。特に本格的なブレインストーミングを行えば，認知再構成の1クールに数時間はかかってしまいます。いつまでもこんな風に手間をかけ続けるのは現実的ではありません。一方で，認知再構成法を何クールも行えば，ツール4の12個の質問のなかから「お気に入りの質問」が絞られてくることがよくあります。その場合，12個すべての質問についてブレインストーミングをするのでなく，「お気に入りの質問」だけでブレインストーミングを行って，ツール5に持っていくことができるようになります。クライアントによっては，「このネタは1番と2番の質問が役に立つ」「一方，このネタは12番の対話のワークが合っているようだ」というように，ネタによって質問を使い分けるという人もいらっしゃいます。もうここまで来ると「猛者」「スペシャリスト」「エキスパート」の領域ですね。このように質問を絞ってブレインストーミングができれば，認知再構成法の1クールにかける時間を短縮できるようになります。

もっと慣れてくると，ツール5だけで一連の認知再構成法ができるようになります。ツール5の左上に，場面と，対象とする自動思考と，その自動思考に関連する気分・感情と，自動思考の確信度（%）と気分・感情の強度（%）をちゃち

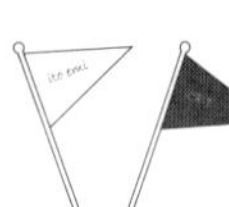

ゃっと記載します。記載された自動思考と，ツール５の左下に提示されている 12 個の質問とを，脳内で問答させます。そして出てきた「これはいける！」というアイディアを，ツール５の右側の代替思考の記入欄にすかさず記入してしまいます。もちろん 12 個の質問全部ではなく，さきほど申しましたように，「お気に入りの質問」だけを使っても構いません。とにかく脳内ブレインストーミングで，代替思考をちゃちゃっと作ってしまい，ツール５の右下の欄を使って効果検証をします。このようにツール５だけで認知再構成法の手続きが完結できるようになると，20 ～ 30 分で終えられるようになります。大幅な時間短縮です。

さらにもっと慣れてくると，ツール５に外在化せず，ツール５を脳内でイメージして，それを活用して全て脳内で認知再構成法ができるようになります。ここまで来れば５分程度で一通りできるので，時間もほとんどかかりません。そしてこれはすなわち，健康な人がやっている「思い直し」の作業そのものですね。ある自動思考につかまっちゃって，一瞬苦しくなったけれども，自分自身で新たな認知を生み出して，気持ちを変えるという，多くの人がそれとなくやっている「思い直し」の作業そのものなんです。そしてここまで来たら，認知再構成法という技法が，真に身に付き，自分のものになったと言えるでしょう。せっかくクライアントさんと認知再構成法に着手したのであれば，ぜひここまで目指したいものです。

ただし，ときにはおさらいも必要です。さらっと思い直しができないような厄介な自動思考につかまってしまったら，「認知再構成法のおさらいのチャンスだ！」と思って（これも一種の認知再構成法ですね），ツール３，４，５を取り出して，丁寧におさらいをしてみればいいのです。こんなふうにして，せっかく習得した認知再構成法なのですから，一生おさらいを続け，活用し続けてもらいたいと思います。

また，とあるネタで案出されたツール５の代替思考のなかには，汎用性の高いものもあるでしょう。そうした代替思考は，別紙に書き残したり，カードに書きつけたりするなどして，残しておいて，別のネタでもそれがそのまま使えないか，検討することができます。

さらに，個別の場面における自動思考に対する認知再構成法が習得できれば，

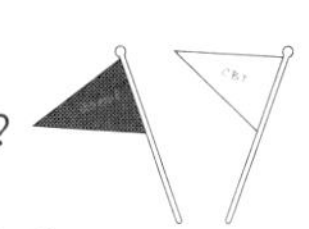

今度はスキーマレベルの認知に対しても認知再構成法を使ってチャレンジすることができます。その場合は，さらっとやるのではなく，ツール3，4，5を使って，特にツール4では別紙を使った，じっくりとブレインストーミングを行い，時間をかけて，新たな代替思考というより代替スキーマを作ってみるとよいでしょう。もしスキーマレベルの認知に手を付けると決めた場合は，10セッションぐらい，あるいは3カ月ぐらいかけて行う方がよいと思います。長い時間経過のなかで形成されたスキーマを再構成するには，やはりある程度時間をかける必要があるからです。

§11

Q & A

以上が認知再構成法についてのレクチャーでした。最後に参考文献を紹介しておきます。認知再構成法を中心とした認知療法的認知行動療法アプローチについては，ジュディス・ベックの『ジュディス・ベックの認知行動療法実践ガイド』(星和書店)というテキストをお読みになることをお勧めします。このテキストをお読みいただければ，今日の私のワークショップに対する理解をさらに広げたり深めたりできると思います。

では，最後に皆さんからのコメントやご質問に対して，一つひとつお答えしていきましょう。

参加者：伊藤絵美さんの体験を共有させてもらって，すごく感動しました。元にあるのは自分のすごく熱い気持ち，大切な気持ちが損なわれそうなときに感じる気持ちなのかなと思うと，胸がいっぱいになりました。大切なことに気づいた気がします。ありがとうございます。

伊藤：そんなふうに捉えてくださり，とても嬉しいです。こちらこそありがとうございます。

参加者：「心理教育」という言葉がよく出てくるのですが，どういったことを指すのでしょうか。

伊藤：認知行動療法で「心理教育」という場合は，認知行動療法のいろいろな考え方や技法についてきっちりと説明することだったり，あるいはうつ病の人だと，今日出てきた「ネガティブな反すうに溺れてしまいやすいですよね」などと，その人の抱えている問題に関して，CBT や心理学ではこういうことがわかっていますよ，というように心理学的に説明していくことだったりを，「心理教育」と呼んでいます。

参加者：クライアントに対して，「ヘルシーさん」の説明をどのようにしていますか？ 「健康的な自分であれば」とか？

伊藤：そのときどきの思い付きで言い方が多少変わってしまうのですが，「自動思考を抱えて苦しんでいる友だちに対して，その人を助けようとする言葉をかけてあげてみて」とか「健康的，現実的な視点から，その人にヘルプを出してあげて欲しいんだけど」といった言い方をしています。「ヘルシー」と言うものの，それほど「健康」とか「健全」とかいうことにこだわらず，その人をレスキューする，優しく声をかけてあげる，そういう自分として対話してみましょう，そんな感じです。

参加者：今日のお話を聞いて，人の体験は刻一刻と変化することを実感しました。ツール３で場面を切り取るポイントはありますか？

伊藤：切り取る場合，その出来事における「そもそもそれが始まった場面」を選ぶといいと思います。その場面が展開してこじれちゃったその先で認知を再構成するよりは，そもそもの最初のほうの場面，反すうの場合だと，ぐるんぐるん溺れちゃった後で救うよりは溺れかけのほうがいいので，やはり早めの体験を切り取るほうがいいのかな，と思います。

参加者：反証を挙げるのが難しいと感じるのですが，「自動思考に対して反論してみましょう」以外の言い方，表現の仕方があれば教えてください。

伊藤：これは，自動思考を反転させて，その根拠を問うのが一番いいと思います。私のケースだと「睡眠時間がどんどん減っていく」という思考でしたが，「いや，仮にどんどん減らないとしたら，どんな理由があると思う？」とするのがその具体例です。あるいは「睡眠不足だと明日がうんとつらくなる」については，「いや，仮に睡眠不足だとしても，そんなにつらくないんじゃない？ と思うとしたら，どんな根拠があると思う？」と問うというものです。「反論」というと言葉が強いというか，ストップをかけるようなイメージがあるので，あえてその言葉を使わずに，今紹介したみたいに，自動思考の内容をあえて反対のことに言い換えて，「そこにどんな理由や根拠があるのか」と問いかけるのが一番やりやすいように感じています。その際，「仮に」という言葉をつけるのがポイントです。「仮に」だから，本当にそうじゃなくてよいという前提で，柔軟に考えやすくなると思います。

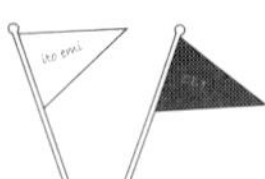

参加者：「ヘルシーサイド」と「自動思考サイド」の対話が面白かったです。伊藤さんご自身で対話を進められたということですが，その都度ちゃんと書いて対話を進めましたか？　それとも音声に録音して対話を進め，後で文字起こししたのでしょうか？

伊藤：私は録音しないで，ワードファイルにベタ打ちしながら対話のワークを行いました。しゃべりながらキーボードを打って，逐語を作っていった感じです。その方がやりやすいし好きだからです。この辺は好みや作業のしやすさでどちらでもいいと思います。しゃべることに専念するために録音して，後で文字起こしするのが好きな人はそのようにしておられます。

参加者：気分変調症に対する認知再構成法についてもう少し教えていただけると助かります。今お会いしているクライアントさんはうつ病で休職しているのですが，べき思考や白黒思考が目立ち，感情を抑制しています。このケースに認知再構成法を使ってみたいと思ってこのワークショップに参加したのですが，感情を抑制している方にはむしろあまり使わない方がよいのかもしれないとも思い，迷っています。

伊藤：個別のケースについてはどうしたほうがいいとは言えないので，一般論としてお答えします。たとえば行動活性化という技法が必要だという場合，それはアセスメントの結果として，そのような仮説が出てくるということです。つまりアセスメントをしっかりと行って，「これのどこが問題なのか」ということをクライアントと話し合い，この場合，認知をどうこうするよりも行動活性化が必要なのではないかという仮説が立ったら，それを試してみましょう，ということになるわけです。技法というのは全てそのように選択されるべきだと思います。一方，感情を抑制するクライアントの場合，その「感情抑制」については，そもそもアセスメントの段階で感情にアクセスしたりモニターしたりする練習をする方がいいんです。つまりケースフォーミュレーションを行う最中にある程度感情にアクセスできるようになって，さらに認知再構成法が有用であろうという仮説が立ったら，認知再構成法のなかで，特にツール３の練習をするなかで，さらに感情に触れられるようにもっていくといいと思います。

参加者：ツール４に取り組む際，アイディアが出てこない，なかなか思い浮かばないというときは，１から 12 の順番通りに進めなくてもいいでしょうか？

伊藤：そういうことのないように，ツール４に取り掛かるときに，ブレインストーミングについてしっかりと心理教育しておくことが重要です。そして実際にブレインストーミングを始めた時に，クライアントが「思い浮かびません」と言ったとしても，「そうですか」と引き下がらずに，ちょっと助け舟を出して，「何でもいいから言ってみて」と働きかけるとよいでしょう。あるいはセラピストが何か思いついちゃったら，先にそれを言っちゃってもいいわけです。「思いついっちゃから，私から先に言うけど，あなたはどう？　思いつきでいいから，何か出してみてね」という感じで。こんな感じで水を向けると，クライアントの認知が活性化してきて，最初アイディアが出づらかったのが，途中からぽろぽろ出てくるようになるということはよくあります。また順番ですが，内容的妥当性を問う①②の質問からはじまり，対話のワークを行う⑪⑫の質問で終わる流れは，一応必然性がありますので，できれば順番通りに取り組んでもらうほうがよいのではないかと考えます。とはいえ，何らかの理由でそれが難しいという場合，あるいは「この質問は答えやすい」とか「この質問はあまり好きじゃない」という場合は，順番にこだわらずやりやすいように取り組んでもらって構わないと思います。

参加者：さきほど私たちが参加したチャットのブレインストーミングでは（※§８の伊藤の事例での⑨の「他の人の対処」を問う質問），考え方の対処と行動の対処に分かれているな，と思いましたが，両者のバランスは大切でしょうか？

伊藤：両方がバランスよくあるといいと思います。対処法として行動の案が出てきたら，「どう考えて，その行動を取るの？」と問い，認知（考え方）の案が出てきたら，「そう考えて，どういう行動を取るの？」と問えば，両者がバランスよく出てくると思います。

参加者：先生が公開しているツールに，面談をしながら書き込もうとしているのですが，どうしてもツールに慣れることができず，「これはどこに書くんだっけ？」と書く手が止まってしまいます。まずは煩雑でもとりあえず何かの用紙に書き出してみて，「これはどの項目に入るのか」と，後で考えながら振り分けていくというやり方でもよいでしょうか？

伊藤：これは今日のツール３，４，５のことではなく，認知行動療法の基本モデルが記載されているアセスメントシート（ツール１）のことをおっしゃ

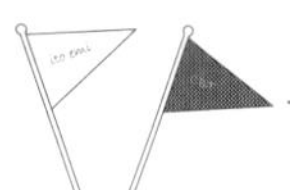

っていますよね。アセスメントシートの作成は，完全に「慣れ」です。慣れれば簡単に作れるようになりますが，慣れないうちは，あまり項目の振り分けに神経質になる必要はなく，とりあえず出てきた話をどこかの欄に書いておく。「これは，認知か感情か？」と迷ったら，認知か感情のどちらかの欄に書いておくか，外側の空欄に書いておくかしておけば十分です。そして必要であれば後で修正したり書き直したりすればいいのです。とりあえずどこかに書いておけば，そういうことができます。もちろんおっしゃる通り，まずは白紙に出てきた情報を何でも書いておいて，後でアセスメントシートにまとめ直す，というワンクッション置いたやり方でも大丈夫です。続ければ必ず慣れますので，ぜひ練習を継続していただきたいと思います。

参加者：ツール５の「効果の検証」についてですが，元の自動思考の確信度は自然に下がるものなのでしょうか。新たな考えは出たものの,「でもやっぱり元の場面では，どうしてもこう思うに違いない」というふうになることはないのでしょうか。

伊藤：今日ご紹介したブレインストーミングや最後のシミュレーションを丁寧に行えば，完全に元に戻るということはまず考えられませんが，自動思考の確信度はさほど下がらないということはときどきあります。別にそれはそれでいいんじゃないかと考えています。自動思考の確信度が下がらなくても，別に高い確信度を持った思考を散りばめられれば，今日スライドでお示しした「オンリーワンからワンオブゼムへ」という変化が起きますので，それで十分だと思います。新たな思考を生み出せれば，自動思考の確信度を無理に下げようとする必要はないでしょう。クライアントのなかには，たとえばもともと 90 パーセントだった確信度が 70 パーセントに下がったときに,「たった 20 パーセントしか下がらなかった」とがっかりする方がいらっしゃいます。確かに劇的な下がり方ではありませんが，実は 20パーセントの低下だって立派なものなんです。こういうときに私はクライアントにこう言います。「20 パーセントだって大した変化ですよ。だって仮にあなたが今，90 万円を持っているとして，私が『大したことはないんだから，20 万円ちょうだいな』と言ったとしたら,『20 万円？　大したことないからいいよ，あげるよ』とはならないでしょう？　20 万円，私にあげるのは惜しくて嫌でしょう？　それと同じです。20パーセントだって大した変化なんです。素晴らしいじゃないですか」。このたとえで納得してくれる人は多いです。

参加者：⑨の「他の人だったらどうするか？」という質問について，まったく思いつかないという場合，どう対応すればいいでしょうか。セラピストが出した場合，「そんなふうに考えられたらいいのですが，でも……」と言って止まってしまう場合，先生ならどう対応しますか？

伊藤：これまでも述べてきたとおり，これはブレインストーミングなので，セラピストの方からも，何らかの考えが出たら，それが良いとか悪いとかではなく，出たのだから書いちゃいましょうという方向に持っていきます。あと，クライアントのほうで「まったく思いつかない」という事例って，これまで遭遇したことはありません。やはり具体的に誰かを想定してみたり，「友だちやきょうだいであなたと似ている人は誰か？」とか「全然似ていない人は誰か？」などとさらに具体的に訊いてみたりすれば，何かとっかかりをつかめます。「あの人だったら，こうするかもしれないな〜」みたいな。

参加者：「もし友人だったら，その友人の自動思考に対して何を言ってあげる？」というロールプレイをクライアントさんと一緒に行うのは面白そうだと感じました。その反面，ロールプレイがしにくかったり，なかなか言葉が出てこなかったりする方もおられるのかなと思います。そういうときにロールプレイを楽しく進めていくための工夫はありますか？

伊藤：それはもう，こちらが楽しくロールプレイを始めちゃったほうが早いです。楽しく始めちゃって続けているうちに，最初は照れていたクライアントがだんだん乗ってきてくれるようなことはよくあります。そもそも，その前までの質問群のブレインストーミングであれこれアイディアを出すことに慣れてくると，クライアントの認知もだいぶ柔らかくなっているので，⑪の「もし友人だったら」の質問まで来れば，自発的にあれこれ出せるようになっているはずです。いきなりこの質問についてロールプレイをしましょう，ということであれば出せないということもあるかもしれませんが，①からの質問の流れのなかでこの質問にたどり着くので，心配することはありませんよ。

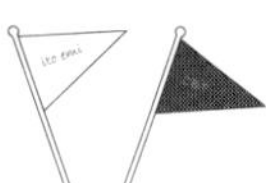

参加者：クライアントに対し３つのツールは最初に全てを見せた方がいいのでしょうか。おおよその内容を説明して，次のステップに進むときに少しずつ見せていくと圧迫感が減るように感じたのですが，最初に全部見せるとしたらその利点にはどのようなものがあるでしょうか？

伊藤：いちおう３枚全てを最初にざっくりとお見せするようにはしています。ただしあくまでも「ざっくりと」です。やはり全体像を最初に提示することは必要だと思うからです。あとはおっしゃる通り，次にステップに進むときにその都度，「次はこんなことをやります」という具体的な説明と共に，次に取り組むツールを示すという感じで，クライアントを圧倒してしまわないように気をつけながら進めていきます。

参加者：ツール４でブレインストーミングに入る前に自動思考を加工する場合，セラピストがクライアントに対して，「こういう意味があるのでは？」と誘導しながら加工していくのですか？

伊藤：その自動思考に内在する意味はクライアントにしかわからないことなので，こちらからあまり予測したり誘導したりしないほうがいいと思っています。それよりはオープンクエスチョンで「これはどういう意味？」「この自動思考にはあなたのどういう思いが含まれているのですか？」と問いかけ，クライアント自身にその意味や思いを出してもらうほうが間違わないと思います。

参加者：自己愛性パーソナリティ障害で，「自分はまったく間違っていない」と信じているクライアントに対しても，認知再構成法は活用できますか？

伊藤：これはやはりケースフォーミュレーションに関わるご質問で，ケースフォーミュレーションを通じて，「自分の認知に何らかの工夫が必要だ」と当事者が思うようになれば，自己愛性パーソナリティ障害の方であっても，もちろん認知再構成法を活用できますし，実際にそのような事例はあります。

参加者：クライアントが子どもの場合，だいたい何歳ぐらいから認知行動療法や認知再構成法に取り組めるものですか？　個人差があるとは思いますが。

伊藤：一般的に言われているのは，発達段階的にメタ認知機能が形成されるのが９～10歳だということです。したがって今日ご紹介した認知再構成法の手順も，少し簡易的にやるとしても９～10歳，すなわち小学校３～４年生あたりから適用できるというふうに言われています。しかしながら「友だちに何て言ってあげる？」といった質問をピンポイントで使うのであれば，もっと小さい子どもにも使えるというふうにも言われています。

参加者：悪循環における非機能的認知に取り組みたいとなったときに，マインドフルネスと認知再構成法のどちらがいいのか，あるいはどちらもやった方がいいのか，迷うことがよくありますが，どう思われますか？

伊藤：今日ご紹介したツール３って，ある意味マインドフルネスなんですよ。ですから認知再構成法の最初のステップの構成要素の一つにマインドフルネスがあると思っていただければよいのではないでしょうか。「こういう悪循環が起きているんだな～」「こんな自動思考が出てきてるんだな～」「こんな感情が今湧いてきているんだな～」と気づいて受け止めるのはマインドフルネスそのものです。ワークショップでもツール３の作業を繰り返すだけで，結構いろいろな効果が出てくると申し上げたと思いますが，それこそがモニタリングやマインドフルネスの効果だと思うんですよね。なので，ツール３でマインドフルネス的なことが行われて，そこで十分な効果が出てきたのであれば，そこでストップして，ツール４に進まなくてもいいかもしれません。一方で，自動思考やそれに伴う気分・感情をマインドフルに受け止められるようになっても，新たな認知をさらに作ってみたいということであれば，その先の作業に進むとよいのではないかと思います。

参加者：心理の専門職ではないのでセッションという形では利用者の方と対話することはありません。「困りごと相談」として，メールや SNS でのやりとりを利用者さんとしています。そのなかで「できないような気がする」「何かするのに不安だ」という相談が結構あります。そのような相談に対して⑪の「友だちなら？」の質問を使って対応してもいいと思いますか？

伊藤：「もしそういう問題を抱えているのが，あなたにとって大切なお友だちや家族だったら，何て言ってあげますか？」という対話のワークが認知行動療法というアプローチにありますが，よければその質問やワークをご自身で使ってみたらいかがでしょうか，という提案をするのはありだと思います。こういう持っていき方であれば，そんなに侵襲的にならずに済むように思います。

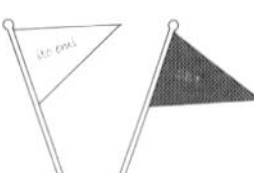

参加者：「KJ 法」という手法が出てきましたが，具体的にはどのような方法ですか？

伊藤：すみません，具体的な説明が足りていませんでしたね。KJ 法とは，川喜多二郎先生という方が開発した発想法の名前で，川喜多先生の頭文字を取って KJ 法と名付けられたものです。具体的なアイディアを出し，出しきったらそれをグルーピングしてまとめていくといった一連のやり方のことで，ツール４のブレインストーミングから，ツール５の代替思考をまとめるところまでの手続きが，KJ 法を参考にしたものです。中公新書に川喜多先生の『発想法』『続発想法』という本があるので，もしよければ読んでみてください。あるいはインターネットでググってみてください。

参加者：「最悪どんなことになるか」ということを考えるのが面白いと思いました。クライアントによっては，「最悪」と「現実」の差がつけられずに，そして「自殺する」というのが現実のレベルとして出てきてしまう場合があります。そして死ぬことよりも最悪なことが思いつかず，こちらもアイディアが出しづらくなるときがありますが，どのように対応することができるでしょうか？

伊藤：自殺だって現実的にはありうることですから，それを「現実」のカテゴリーに入れるとしたら，「最悪」については，死後の世界なんかを考えたらいいかもしれませんね。死んで天国に行くのではなく，死んだ後にさらに最悪になるとしたら，地獄に行くとか，死んでも死にきれず生霊となって誰かに憑りつくとか。「それがもっと最悪になったら？」という問いについて，セラピスト側も常に考えて，アイディアを出せるように，私たち自身の想像力を鍛えておく必要があるかもしれません。あと，自殺した後に，たとえばとんでもない金額の賠償金が発生して，家族が大変になってしまうとか。……現実にそうなっちゃったらマジにしゃれになりませんが，あくまで「ありえない最悪のイメージ」として，ああでもないこうでもないと想像してみていただくのがいいのかな，と思います。

参加者：認知再構成法を自分で行う場合，一番しんどさを感じているときにするのがいいのか，少し回復してから行うほうがいいのか，どちらでしょうか？　以前，しんどさを一番感じているときに自分の認知を切り離そうとしたのですが，うまくいきませんでした。

伊藤：とても大事な質問ですね。CBT も認知再構成法も，たとえば抑うつ症

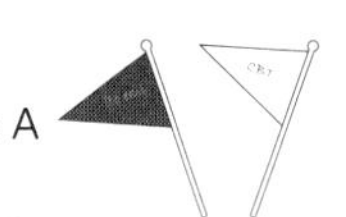

状があまりにも重くてしんどいときには使えません。脳の機能も落ちていますし。昔あるクライアントが，今日紹介した認知再構成法は「脳のなかのぞうきんをギューッと絞るような感じがする」とおっしゃっていて，とてもうまい表現だなと思いましたが，本当にその通りで，けっこう脳を使うんです。ということは，ギューッと使える程度に脳の機能が戻っている必要があるので，ほんとうにしんどいときにはおそらく無理だと思います。ですからうんとしんどいときは，まずは，たとえばアロマとかタッピングなど，よりシンプルなコーピングやセルフケアを使っていただき，ある程度回復して脳の機能が戻ってから，認知再構成法に取り組んでもらうほうがいいと思います。

参加者：ツールに記入するという課題をホームワークとして出すときは，クライアントの理解がかなり進んでからのほうがいいでしょうか。アセスメントシートなどに一緒に記入して，その後それをホームワークにすることがあるのですが，なかなか難しいことがあります。

伊藤：ホームワークは，基本的にそのクライアントが確実にできるとわかっていることだけを課題として出したほうがいいと思います。「エラーレス学習（間違いなし学習）」といって，間違えずにできることだけをやってもらう。そのほうが「ホームワークができなかった」「失敗した」「うまくいかなかった」という体験をせずにすむからです。セッションで一緒に取り組んで，セッション中に確実にできるようになった課題だけをホームワークでお願いすれば，安全ですし，治療的ですし，ホームワークやCBTに対するモチベーションも保てると思います。

参加者：エクスポージャー（曝露療法）や行動活性化の支えとして認知再構成法を使う，というお話がありますが，具体的にはどういうものになりますか？

伊藤：この場合は，「エクスポージャーや行動活性化を促進するために，認知再構成法をする」というように，何に向けて認知を再構成するか，目的が決まっているということになります。つまり，すなわち不安な場面や感情に曝露するための行動を取りやすくするための認知，行動レパートリーを増やし実際に行動レベルを上げているための認知をつくる，という目的意識を持ってブレインストーミングを行っていただくことになります。

参加者：スキーマレベルの自動思考を具体的なレベルで扱う，ということについて，もう少し教えてください。

伊藤：たとえば，さきほどご紹介した「彼にメールを送ったがすぐに返事が来ない」というケースで，クライアントの女性は「あ，私，彼に捨てられたんだ」と思うのですが，これは「見捨てられスキーマ」がそのまま出てきた自動思考，ということになります。それに付随して「もう彼とは別れるしかないんだ」「彼がいなかったら，私，生きていけない」「こんな状況，もう耐えられない」といった自動思考がずるずると出てくることになります。この場合，「人は私を見捨てる」「私は誰とつきあっても，最後には必ず見捨てられるんだ」というフレーズだと非常にスキーマチックな般化された表現となってしまい，認知再構成法で扱うには大きく深すぎる認知だと言えましょう。一方，特定の人物，この場合だと今付き合っている「彼」に限定して，「あ，私，彼に捨てられたんだ」「もう彼とは別れるしかないんだ」「彼がいなかったら，私，生きていけない」ということであれば，スキーマが「彼」という人物に具体化した自動思考であると考えられます。認知再構成法で扱いたいのは，このような具体化された認知です。

参加者：ブレインストーミングは，知的に制約のある方でもできるものでしょうか？

伊藤：制約の度合いにもよると思いますが，知的に制約のある方の場合，全ての質問の内容をしっかりと理解して取り組むのが難しい人もいらっしゃるかと思います。その場合でも，たとえば「どうしてこの考えが出てきたのだと思いますか？」「あなたはこれまで，こういうときにどうしてきたのですか？」「明日になったら，これがどうなるだろうと思いますか？」「あなたの好きな人，○○さんだったら，こういうときにどうすると思いますか？」「あなたの大好きなお友だちが，こういうことで困っていたら，どうやって助けてあげますか？」など，各質問を少しかみ砕いてお伝えいただき，答えられる質問に答えてもらうなかで，ブレインストーミングを進めていくことができるのではないかと思います。私自身の経験ですと，IQが 70 程度あれば，普通にブレインストーミングができていました。

参加者：認知行動療法の本を読みながら，いろいろ実践してみているのですが，こういうふうにワークショップを受けると，目から鱗で，「そういう意味があっ

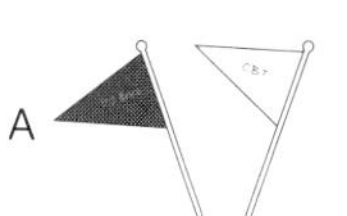

たのか」「そういう見方があるのか」と驚きます。今日のワークショップ自体がまさに認知再構成法における柔軟な思考を教えてもらっているようです。私も先生のように，柔軟な思考をして，自分でいろいろな見方に気づけるといいと思うのですが，伊藤先生自身はどのようにご自身の思考と向き合われているのでしょうか？

伊藤：うーん，「向き合う」とか，そういう感じではないかもしれませんが，一応日々臨床現場で認知行動療法を行っているので，結局，日々，モニタリングとかアセスメントとかマインドフルネスとか認知再構成法とか問題解決法とかエクスポージャーについて考え，自分自身でも実践しているということになるでしょうか。CBT はとにかく日々実践して，地味に効果があらわれてくるセラピーでして，私も日々のささやかな CBT の実践を続け，その地味な効果を実感しているところです。

参加者：検討する自動思考の選択についてですが，選ぶ基準はさきほどの解説で理解しましたが，選択そのものはクライアントが行う，ということでいいですか？

伊藤：その通りです。選ぶ基準をクライアントにお伝えし，最終的な選択はクライアントに委ねます。「自分で選ぶ」ということが大事なんだと思います。

参加者：認知再構成法という技法を教えていただいて，面白いと思いましたし，使ってみたいと思う反面，自分がこれをうまく使えるのか，不安や自信のなさがありますが，何かアドバイスがありますか？

伊藤：「自分がうまく使えるのか」という自動思考や，それに伴う不安や自信のなさに対して，まさに今日お伝えした認知再構成法を適用してみたらよいのではないでしょうか。

参加者：さきほどの質問と似ていますが，認知再構成法を，自分に使う場合ならまだしも，クライアント相手に使う場合は，「自分がこれを完全に習得できていないのに，使ってもいいのか」と思ってしまいます。何かアドバイスがありますか？

伊藤：ぜひその自動思考に対して認知再構成法をやってみましょう。同時に，まずは自分を練習台にして，認知再構成法の練習を繰り返しやってみてく

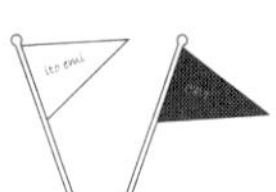

ださい。今日の私のネタのように，ご自身の体験からネタを拾って，じっくりとツール3，4，5の作業を繰り返しやってみるのです。そして新たな認知を発見する喜びとか，やり方が身についてスムースにできるようになってきた実感とか，そういうのが得られれば，クライアント対象に行っても大丈夫だと思います。大して難しい技法ではないので，集中的に1カ月ぐらい自主トレしていただければ大丈夫だと思いますよ。頑張ってください。

参加者：双極性障害の人と行う際にはポジティブな認知も対象となるということを知って非常に納得しました。ちなみにADHDの方の認知にも独特なものがあると思うのですが，ポイントやよくあるパターンなどがありますか？

伊藤：ADHDの方の場合は，そもそも自動思考のモニター自体がまず重要です。これは双極性障害で躁状態にある人とかなり重なると思いますが，「自分を駆り立てるような自動思考が生じた瞬間に動く」といったパターンがありますので，その瞬間にピンポイントで気づけるようになる必要があります。これは練習すれば必ずできるようになります。このようなモニターができれば，認知と行動の間に距離ができるんです。自動思考に巻き込まれて即時に行動するのではなく，自動思考と行動の間に距離ができることによって，「今，こう思っちゃったけど，どうしよう？」という問いが生まれます。これだけでもだいぶ違ってきます。それからADHDの方の不注意とか衝動性の部分は，どちらかというと認知再構成法というよりは，行動にフォーカスした問題解決法のほうが直接的に役に立つのではないかと考えます。

質疑応答は以上になります。多くのご質問をいただき，あらためていろいろと考えることができました。それでは今日の認知再構成法のワークショップはここまでといたします。認知再構成法という技法をぜひ，皆様自身の生活に，そして臨床においてクライアントを対象に役立てていただければと思います。今日は長い時間，お付き合いくださり，本当にありがとうございました。

付　　　録

本書のなかで紹介したワークシートを付録にいたしました。

本書を購入された読者の皆様は，ご自身の心理支援などにおいて，コピーを取るなどして自由にお使いくださって大丈夫ですが，第三者への配付や貸与，販売，あるいはSNSなどへの投稿などはご遠慮ください。

また，コピーをされる場合，「copyright　洗足ストレスコーピング・サポートオフィス」の表記は消さぬようにお願いいたします。

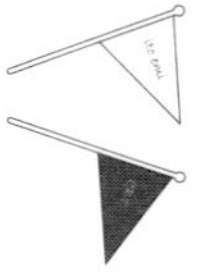

ツール1　全体像のアセスメント
クライアントID:______

アセスメント・シート：自分の体験と状態を総合的に理解する

年　月　日（　曜日）
氏名：

状況

ストレスを感じる出来事や変化
（自分，他者，状況）

自分

認知：頭の中の考えやイメージ

気分・感情

身体的反応

行動

サポート資源

コーピング（対処）

備考：

ツール２ 問題の把握＆目標の設定
クライアント ID:＿＿＿＿＿＿＿＿

問題&目標設定シート：問題を具体化し，現実的な目標を設定する

年　月　日（　　曜日）　氏名：

1．問題リスト：現在，困っていることを具体的に書き出してみる

- □
- □
- □
- □
- □
- □
- □
- □

2．認知行動モデルによって問題を図式化する

認知：頭の中の考えやイメージ

気分・感情

身体的反応

行動

環境・対人関係

3．現実的な目標を設定する

- □
- □
- □
- □
- □
- □
- □

備考：

ツール３ 特定場面のアセスメント
クライアント ID:＿＿＿＿＿＿＿＿

アセスメント・シート：特定の場面における自分の体験を具体的に理解する

年　月　日（　　曜日）　氏名：

1．具体的場面：最近，ひどくストレスを感じた出来事や状況を１つ選び，具体的に記述する

●いつ？　どこで？　誰と？　どんな状況で？　どんな出来事が？　（その他何でも・・・）

2．自分の具体的反応：１の具体的場面における自分の体験を，認知行動モデルにもとづいて理解する

気分・感情とその強度（%）

□＿＿＿＿＿＿（　　%）
□＿＿＿＿＿＿（　　%）
□＿＿＿＿＿＿（　　%）
□＿＿＿＿＿＿（　　%）

※気分・感情とは，「不安」「悲しい」「怒り」「緊張」など，端的に表現できるのが，その特徴です。

認知（考え・イメージ）とその確信度（%）：そのとき，どんなことが頭に浮かんだろうか？

□＿＿＿＿＿＿＿＿＿＿＿＿（　　%）
□＿＿＿＿＿＿＿＿＿＿＿＿（　　%）
□＿＿＿＿＿＿＿＿＿＿＿＿（　　%）
□＿＿＿＿＿＿＿＿＿＿＿＿（　　%）

※ある特定の場面において瞬間的に頭に浮かぶ考えやイメージを，**【自動思考】**と言います。認知療法・認知行動療法では，否定的感情と相互作用する自動思考を把握し，自動思考への対応の仕方を習得します。はじめは自動思考を把握するのが難しいかもしれませんが，過度に否定的な感情が生じたときに，「今，どんなことが頭に浮かんだのだろうか？」「たった今，自分の頭をどんなことがよぎっただろうか？」と自問することで，自動思考を容易に把握できるようになります。

行動・身体的反応

備考：

ツール４ 自動思考の検討
クライアント ID:＿＿＿＿＿＿

自動思考検討シート：否定的感情と関連する自動思考について検討する

年　月　日（　曜日）　氏名：＿＿＿＿＿＿

1．具体的場面：最近，ひどくストレスを感じた出来事や状況を１つ選び，具体的に記述する

●いつ？　どこで？　誰と？　どんな状況で？　どんな出来事が？　（その他何でも・・・）

2．気分・感情とその強度（%）

3．自動思考（考え・イメージ）とその確信度（%）

＊＊＊

4．自動思考の検討：さまざまな角度から，自動思考について考えてみます

①自動思考がその通りであるとの事実や根拠（理由）は？	⑤最悪どんなことになる可能性があるか？	⑨他の人なら，この状況に対してどんなことをするだろうか？
②自動思考に反する事実や根拠（理由）は？	⑥奇跡が起きたら，どんなすばらしいことになるか？	⑩この状況に対して，どんなことができそうか？
③自動思考を信じることのメリットは？	⑦現実には，どんなことになりそうか？	⑪もし＿＿＿＿（友人）だったら何と言ってあげたい？
④自動思考を信じることのデメリットは？	⑧以前，似たような体験をしたとき，どんな対処をした？	⑫自分自身に対して，どんなことを言ってあげたい？

※ 否定的感情と関連する自動思考を把握したら，その自動思考について，まずは上の問に対して具体的に回答してみます。このように自動思考を，さまざまな角度から検討することが認知療法・認知行動療法では重要なのです。自分のつらい気持ちに気づいたら，このシートに記入して，自動思考を検討してみましょう。

備考：

ツール５ 適応的思考の案出
クライアント ID:＿＿＿＿＿＿＿＿

思考の幅を広げるためのワークシート：より適応的な思考を探索し，考案してみる

＿＿＿＿年　月　日（　　曜日）　　氏名：＿＿＿＿＿＿＿＿＿＿＿＿

1．具体的場面

2．気分・感情とその強度（%）

3．自動思考（考え・イメージ）とその確信度（%）

4．自動思考を検討するための質問集

- □ 自動思考がその通りであるとの事実や根拠（理由）は？
- □ 自動思考に反する事実や根拠（理由）は？
- □ 自動思考を信じることのメリットは？
- □ 自動思考を信じることのデメリットは？
- □ 最悪どんなことになる可能性があるか？
- □ 奇跡が起きたら，どんなすばらしいことになるか？
- □ 現実には，どんなことになりそうか？
- □ 以前，似たような体験をしたとき，どんな対処をした？
- □ 他の人なら，この状況に対してどんなことをするだろうか？
- □ この状況に対して，どんなことができそうか？
- □ もし＿＿＿＿＿（友人）だったら，何と言ってあげたい？
- □ 自分自身に対して，どんなことを言ってあげたい？

備考：

5．新たな思考を考え出してみよう・確信度（%）

（　　%）

（　　%）

（　　%）

（　　%）

（　　%）

（　　%）

6．もとの自動思考に対する現在の確信度 ⇒（　　%）

現在の気分とその強度 ⇒＿＿＿＿＿＿（　　%）

⇒＿＿＿＿＿＿（　　%）

⇒＿＿＿＿＿＿（　　%）

索　引

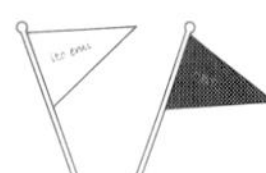

伊藤絵美（いとう・えみ）

公認心理師，臨床心理士，精神保健福祉士。洗足ストレスコーピング・サポートオフィス所長。千葉大学子どものこころの発達教育研究センター特任教授。慶應義塾大学文学部人間関係学科心理学専攻卒業。同大学大学院社会学研究科博士課程修了，博士（社会学）。専門は臨床心理学，ストレス心理学，認知行動療法，スキーマ療法。大学院在籍時より精神科クリニックにてカウンセラーとして勤務。その後，民間企業でのメンタルヘルスの仕事に従事し，2004 年より認知行動療法に基づくカウンセリングを提供する専門機関「洗足ストレスコーピング・サポートオフィス」を開設。

主な著書に，『事例で学ぶ認知行動療法』（誠信書房），『自分でできるスキーマ療法ワークブック Book 1 & Book 2』（星和書店），『ケアする人も楽になる認知行動療法入門 BOOK 1 & BOOK 2』『ケアする人も楽になるマインドフルネス＆スキーマ療法 BOOK 1 & BOOK 2』（いずれも医学書院），『イラスト版 子どものストレスマネジメント』（合同出版），『セルフケアの道具箱』（晶文社）などがある。

世界一隅々まで書いた認知行動療法・認知再構成法の本

2022 年 3 月 10 日　第 1 刷
2023 年 4 月 10 日　第 3 刷

著　者　伊藤絵美
発行人　山内俊介
発行所　遠見書房

〒 181-0001 東京都三鷹市井の頭 2-28-16
TEL 0422-26-6711　FAX 050-3488-3894
tomi@tomishobo.com　http://tomishobo.com
遠見書房の書店　https://tomishobo.stores.jp

印刷・製本　モリモト印刷

ISBN978-4-86616-140-2　C3011